文化和旅游部全国公共文化发展中心出品

文化馆发展十一讲

李国新◎主编

国家图书馆出版社

图书在版编目（CIP）数据

文化馆发展十一讲 / 李国新主编. — 北京 : 国家图书馆出版社, 2020.11

ISBN 978-7-5013-7113-6

Ⅰ. ①文… Ⅱ. ①李… Ⅲ. ①文化馆—发展—研究—中国 Ⅳ. ①G249.23

中国版本图书馆CIP数据核字（2020）第212979号

书　　名	**文化馆发展十一讲**
著　　者	李国新　主编
责任编辑	张　颀
装帧设计	项梦怡

出版发行	国家图书馆出版社（北京市西城区文津街7号 100034） （原书目文献出版社　北京图书馆出版社） 010-66114536　63802249　nlcpress@nlc.cn（邮购）
网　　址	http://www.nlcpress.com
排　　版	北京旅教文化传播有限公司
印　　装	河北鲁汇荣彩印刷有限公司
版次印次	2020年11月第1版　2020年11月第1次印刷

开　　本	710mm × 1000mm　1/16
印　　张	15
书　　号	ISBN 978-7-5013-7113-6
定　　价	68.00元

本书编委会

主　　编：李国新

副 主 编：颜　芳

执行主编：赵保颖

编　　委：陈艳平　段少卿　李　斗　李亚男

孟祥也　潘洪枝　于　洋　李龙渊

李秀敏　绳琳静　宗何婵瑞

写在前面

2020年伊始，一场突如其来的新冠肺炎疫情席卷全国，给各级文化馆的阵地服务带来了前所未有的巨大冲击。然而，近十多年来互联网的普及、新媒体的应用、公共数字文化建设的扎实推进，又给各级文化馆（站）线上服务的迅速升级、创新发展带来了契机，出现了“线下关门、线上开花”的奇特景象。

在这一特殊背景下，2020年3、4月间，在文化和旅游部全国公共文化发展中心“国家公共文化云”的鼎力支持下，中国文化馆协会顺时应势、精心组织，推出了“文化馆事业发展的思考与讨论”系列网上讲座交流活动，获得了业界同人超乎预料的热烈响应，取得了前所未有的参与成效，产生了超越行业的广泛影响。截至2020年6月20日，11场讲座和互动交流的网上专题主页浏览量累计已达652多万人次，总点播数308万次，总点赞量79万次。在网络直播阶段，总收看人数超221万人次，单场直播最高在线人数27万人；直播点赞总数29万人次，平均每场获赞2.6万人次；互动评论总数近1万条，单场最高评论数3031条。

这一连串的数字说明了什么？可以做如下几个比较。根据《中国文化文物统计年鉴》的统计，近年来，全国文化馆（站）从业人员每年接受业务培训的总人次大约在100万以上（2017年161.49万人次，为近年来最高；

2018 年 118.6 万人次），这次为时一个月的 11 场讲座交流，现场直播加上后续回放，到 2020 年 6 月下旬参与总人次超过了近年来全国文化馆（站）年度培训总人次峰值数量的近 4 倍。目前，全国文化馆（站）从业总人数为 18.5 万人，这次讲座交流活动单场最高在线人数 27 万人，说明参与其中的不乏文化馆（站）领域以外的人士。2006 年至 2011 年，中国图书馆学会曾经组织过一次荣获文化部第三届创新奖、被称为中国图书馆发展史上一大创举的大型基层志愿巡讲活动，历时六年，走遍了全国 26 个省市自治区，共培训全国图书馆系统的馆长和业务骨干 3000 多人。比较一下这些数字，可以看到这次讲座交流活动充分体现了业界同人对文化馆事业发展和服务创新充满期待、不辞责任、热情参与，可以看到已经有为数不少的界外人士对公共文化服务、对文化馆事业发展寄予了关心和关注，也可以看到互联网、新媒体等现代信息技术应用所带来的业务培训覆盖面、实效性的巨大变化。

“文化馆事业发展的思考与讨论”系列网上讲座交流活动的成功不是偶然的，而是选准时机、精心设计、各方面通力合作、以内容和形式创新来赢得受众的一次实践。

第一，精心策划、周密组织、有力协调是活动成功的前提条件。中国文化馆协会组织专家对活动的总体内容、风格特色进行了研讨定位，全国公共文化发展中心对这项活动给予了有力的指导和支持，协会秘书处以专班力量联络协调讲授专家，进行宣传推广、技术保障和现场调度。11 场专家讲授和线上交流背后，有一群默默奉献的工作人员的辛勤付出。

第二，讲授和交流内容紧扣事业发展的重大现实性问题，理念传播与创新实践紧密结合，选题新颖、内容充实、回应关切、引发思考，是这次讲授交流活动成功的根本保障。11 场讲座的选题，涉及疫情对公共文化服务的长远影响、文化馆服务的供给侧结构性改革、文化馆事业高质量发展、文化馆服务数字化智慧化与社会化发展、公共文化服务与旅游融合发展以及各级文化馆服务的创新实践。这些题目既是关系事业发展的方向性问题，又是当前文化馆服务亟须大力推动的实践性问题，有媒体概括为“讲座内容直击事业发展的重点、难点、痛点和热点”。讲授专家经过了精心遴选，都在相关方面有长期研究或实践经历。再加上专家们对这次疫情期间的特殊讲授高度重视、认真准备，从内容到形式着力追求创新，从而使讲座交流活动的吸引力得以持续保持，业界同人的参与热情持续不减。

第三，充分发挥了互联网、新媒体的优势，表现方式生动活泼、引人入胜，为互联网环境下文化馆（站）专业培训的形式创新做出了探索和示范。在今天，把一场讲座由线下搬到线上并不难，而这次讲座交流活动的探索和示范之处，是充分发挥了互联网、新媒体的优势，多种展现方式和技术手段综合运用，如来自张家港文化馆、温州“文化驿站”、东莞文化馆和上海群艺馆的几个创新案例介绍，或现场实景展示，或精彩活动回放，或邀请“操盘手”介绍，或现场采访式对谈，多样化方式穿插其间，大大增强了现场感和观赏性。线上互动交流环节在开讲前就通过网络广泛征求提问话题，网络直播过程中即时留言提问，循环往复之中延展了话题，深化了思考，凝聚了共识。传播形式和表现手段创新既是这次讲座交流活动的突出亮点，也为今后常态化的线上线下相结合的同类活动积累了经验，探索了路径，提供了示范。

第四，敏锐地抓住了疫情防控前期各级公共文化场馆关闭、阵地服务暂停的窗口期，有利于更多的界内外同人参与。这次讲座交流活动创造了我国公共文化领域专业培训参与人数前所未有的新高，一个不可忽视的因素是时机恰当。疫情防控期间，许多从业人员居家防疫抗疫，有较为充裕的网上学习时间；阵地服务暂停，许多文化馆（站）有可能组织集中观看，有的还组织了专题学习分享。当然，能够抓住恰当的时机推出恰当的活动，本身就体现了组织者的敏锐性、责任感和行动力。

本书是“文化馆事业发展的思考与讨论”系列网上讲座交流活动的实

录。编辑出版本书的目的，一方面是为值得铭记的2020年伊始疫情防控期间业界对文化馆事业发展的思考与讨论留下历史记录，另一方面是让讲座中的新理念、新思考、新创造得以在全行业继续传播分享、交流互鉴。全书定位在“实录”，从讲座顺序到每一讲的流程，都保留了原样。主讲人的讲稿、在线交流文稿，都是根据现场音频整理而来，编辑成书时仅做了有限的文字修饰。为了体现现场感和互动性，每一讲都选录了一些网友的现场留言，以展现现场反馈。这次讲座交流活动引起了媒体的关注，如行业权威媒体《中国文化报》做了专题报道;《天津日报》这样的地方权威媒体也以“公共文化服务的未来在哪里”为题，对讲座交流的内容做了全面介绍；各地也陆续有一些文化馆（站）组织收看学习的报道，这是活动产生广泛影响的写照。这次讲座交流活动原本是一次纯粹的网上交流活动，现在由数字化记录变为书面文字记录，同时也提供二维码指引读者由阅读书面文字转向观看讲座视频，也算是一个线上、线下相结合的尝试。

受全国公共文化发展中心和中国文化馆协会的委托，北京大学国家现代公共文化研究中心承担了本书的编辑成书工作。本书得以顺利出版，首先要感谢各位主讲专家的授权，同时要感谢中国文化馆协会秘书处、国家公共文化云运营团队的辛勤奉献，感谢国家图书馆出版社的鼎力支持。

李国新　赵保颖

二〇二〇年六月

目　录

第一讲

当前文化馆数字文化服务还有哪些提升空间

主讲人简介

王全吉，中国文化馆协会副理事长，文化馆发展研究院学术委员会委员，浙江省文化和旅游智库第一届专家委员会委员，浙江省文化馆首席专家。

主编文化和旅游部全国基层文化队伍培训教材之《文化馆（站）服务与管理》，参与《文化馆（站）业务培训指导纲要》编写，主持的课题研究成果有《浙江省公共文化服务创新研究》《浙江新农村文化报告——来自118个行政村农民文化生活的田野调查》等，课题专著曾获全国第十四届“群星奖”。

主持人开场词

改革创新，群策群力，共谋发展！

文化馆站的各位同人，各位网友，大家好！

新冠肺炎疫情暴发以来，全国各级文化馆（站）按照文化和旅游部的总体部署，采取了闭馆措施。为了丰富疫情防控期间人民群众的精神文化生活，各地群文工作者充分利用互联网和新媒体的渠道，开展了一系列防疫宣传、资源服务、互动活动、远程培训以及主题创作等工作。面对这场疫情的考验，文化馆人做出了自己的贡献，体现出行业的责任与担当，但也凸显出一些不足和短板。

2020 年是文化馆事业发展的关键一年，面对决战决胜脱贫攻坚、“十三五”收官和“十四五”规划、文化和旅游深度融合等一系列重大形势，我们应该群策群力，共同审慎思考，共同面对行业建设发展的机遇和挑战。

为此，文化和旅游部全国公共文化发展中心和中国文化馆协会组织一批专家和文化馆馆长，策划了这次讨论。我们依托国家公共文化云，通过网络直录播的方式进行这次讨论。我是本次讨论的主持人——中国文化馆协会秘书长赵保颖。

为了让这次讨论更有针对性，引发行业更广泛的参与，我们先期做了主题征集。迄今为止，已经收到近 200 多个有效提问，涉及文化馆改革、转型、创新、发展的方方面面。

今天的首场讨论，我们请到的主讲专家是王全吉老师。王全吉老师是中国文化馆协会副理事长、理论研究委员会副主任委员，浙江省文化和旅游智库第一届专家委员会委员，浙江省文化馆首席专家。

在专家授课的过程中，大家可以通过播出界面下方的互动区，给专家留言、提问。讲课结束后，我们会请专家在线为大家答疑解惑。因为正值疫情防控期间，我们也提醒大家，避免聚集性观看。

“文化馆事业发展的思考与讨论”直播第一讲现在开始。

讲稿精粹

在互联网时代，数字文化服务的重要性不言而喻。

早在 2011 年，原文化部与财政部就印发了《关于进一步加强公共数字文化建设的指导意见》（文社文发〔2011〕54 号），文件指出：“公共数字文化建设作为公共文化服务体系建设的重要组成部分，是数字化、信息化、网络化环境下文化建设的新平台、新阵地，是利用信息技术拓展公共文化服务能力和传播范围的重要途径，对于消除数字鸿沟，满足人民群众不断增长的精神文化需求，提高全民族文明素质，构建社会主义核心价值体系具有重要意义。”这个文件对于公共数字文化建设，很有前瞻性、指导性。

《中华人民共和国公共文化服务保障法》第三十三条从法律层面对公共数字文化提出明确要求，2015 年全国第四次文化馆评估定级将文化馆的数字文化服务作为一级馆的必备条件之一，以刚性的考核评估手段，推进数字文化服务。

几年过去了，我们文化馆的数字文化建设进展如何？

一、疫情期间，文化馆开展数字文化服务，体现使命与担当

在这次疫情期间，公共文化服务场馆闭馆，线下文化体验按下暂停键。这段时期，各地文化馆普遍开展数字文化服务，充分展示各地文化馆数字服务能力与水平。

（一）创作传播专题作品，讴歌逆行医务人员

全国文化馆人和广大群众文艺骨干积极创作以“抗疫”为主题的文艺

作品，艺术形式丰富，作品数量众多，努力以文艺创作凝聚起众志成城、共克时艰的文化力量。

（二）为宅在家里的公众，提供数字文化资源

很多文化馆第一时间发布微信公众号推文，推出数字文化资源服务攻略。随着疫情防控形势向好，各地文化馆工作重点从专题创作逐渐转向数字文化资源服务，并且做得挺有成效。

（三）根据公众文化需求，开展网络文化活动

疫情期间，全国各地文化馆策划组织网络文艺大赛，通过网络征集特殊时期家庭文化活动视频，如经典诵读视频、文艺表演视频、春节年味照片，进行网络文艺评奖，丰富广大群众宅家期间的文化生活。

（四）发挥线上教学优势，尝试开展艺术慕课

部分文化馆及时优化、升级数字文化服务，结合当前疫情期间的特殊情况，灵活调整服务内容，充分运用网络新媒体，让广大群众足不出户就能随时享受到文化艺术大餐。

全国各地文化馆在防控疫情时期的表现，体现了文化馆人"挺身而出、积极有为"的责任担当，体现了以人民为中心、创新服务的使命意识，体现了关注时代命题、讴歌时代精神的文化情怀。

二、文化馆数字文化服务的不足

在疫情期间，我们既看到文化馆人使命担当和积极作为，同时也看到，按照公共文化服务高质量发展的要求，一些文化馆数字文化服务还有较大的提升空间。

（一）数字文化资源总量上还有待丰富

疫情期间，图书馆网络平台面向公众开放数字资源，只要登录这些平台，就能享受数量颇为可观的电子书、电子期刊资源。但是各地文化馆数字文化资源普遍较为有限，公众登录后能获取多少优质的数字文化资源？

有多少数字文化资源是公众所期待的？疫情期间，我们看到的更多是抗疫专题文艺作品。开展数字资源服务的文化馆数量有限，虽然在近段时期，文化馆逐渐重视数字文化资源服务，但在数字资源总量方面还有很大的提升空间。

（二）数字文化服务公众覆盖面还有待扩大

我们欣喜地看到，很多具有现代服务意识、互联网思维的文化馆馆长十分重视数字文化建设。然而，也有一些文化馆虽然有自己的网站、微信公众号，但这些数字文化服务平台粉丝不多，点击量有限，用户黏性不足，公众参与度不高。文化馆微信公众号上发布的推文，阅读量极为有限，有的推文阅读量甚至不到三位数。

（三）数字文化服务平台运营能力还有待提升

数字文化服务平台只是文化馆数字文化服务的基础，文化馆还需要在数字服务内容、活动策划、运营推广等方面下功夫。

有一些文化馆数字文化服务缺少用户思维，网上推文没有体现新媒体的阅读特点，呈现在网民面前的是带有“公文腔”的文字；运营推广能力不足，缺少吸引粉丝的办法；在针对用户需求、策划开展网络文化活动方面缺少精准性；文化馆数字服务平台的社会影响力比较有限。

产生这些问题的原因，主要是一部分文化馆对数字文化服务还没有给予足够的重视，数字文化服务人员数量严重不足，文化馆全员互联网思维还比较薄弱，数字文化平台运营还有待于进一步强化。

三、提升文化馆数字文化服务能力的路径

在推进数字文化服务、提高公共文化服务效能方面，文化馆还有很多事情要做。

（一）现代文化馆人要具有互联网思维

在移动互联网时代，如何推进全民艺术普及，传承我国优秀传统文

化？文化馆人要从互联网视角，重新审视文化馆公共文化服务理念、服务方式、服务内容、服务效能。

首先，文化馆馆长要有互联网思维，把文化馆数字文化服务放在重要的工作位置，把它作为提升服务效能的重要途径，加大人员投入、经费投入，改进公共文化服务方式，在数字文化服务方面积极作为。

其次，文化馆所有专业人员要有互联网思维，都要从策划组织文化活动、开展文艺辅导培训等传统模式中走出来，满怀热情拥抱互联网；都要从互联网的角度，来思考如何提升服务效能，扩大公共文化服务覆盖面；都要从互联网的角度，来策划组织线上线下相结合的文化活动和艺术辅导培训，提高公众艺术审美鉴赏能力，推进全民艺术普及。有一位年轻人曾经跟我说：文化馆每位专业人员都应该成为“网红”，通过网络平台，大力推进艺术普及。

当文化馆馆长和所有专业人员都具有互联网思维时，数字文化服务就不只是数字服务部门的工作。全馆人员都要自觉地以移动互联网的视角，来审视传统服务方式的不足，达成共识，形成合力，真正推动文化馆数字文化服务的蓬勃发展。

（二）数字文化服务必须重视优质资源建设

文化馆必须高度重视自有知识产权的优质文化资源建设，只有文化馆的数字文化服务平台上有了数量可观的优质文化资源，才能吸引公众关注文化馆的数字文化服务平台，使用优质的数字文化资源。

1. 省级文化馆统筹规划，强化整合力

建议以省级文化馆为主，统筹整合全省文化馆的专业力量，进行系统化的文化馆数字资源建设。市县级文化馆的专业人员数量有限，而省级文化馆具有体系化优势，要发挥省级文化馆的引领作用，统筹组织全省范围内各级文化馆参与。在规划编制方面，研究制定数字文化资源建设三年或五年规划，有序推进文化馆数字资源建设。在艺术慕课建设方面，遴选全省各地文化馆最优秀的专业人员，参与艺术慕课的课程编写、视频录制，为建设优质数字资源提供人才保证。

2. 重视数字资源内容的选题，强化系统性

必须十分重视数字资源选题，对每个艺术门类的慕课教程和讲座等数字资源，进行系统化的梳理和科学化的设计，避免零打碎敲和重复建设。

3. 重视数字资源的后期编辑，强化适用性

针对文化活动、文艺赛事直录播形成的数字资源，需要将其剪辑成适合新媒体特点的短视频，才更有推广和利用的价值。已重新剪辑的短视频，还必须对其进行策划包装，形成一个个短视频资源系列。

4. 用户思维引导数字资源建设，强化针对性

文化馆必须重视提升数据分析能力，精准解读用户行为，从数据中挖掘公众对文化馆数字服务的隐性需求，实现数字资源建设与用户文化需求的有机对接，不断开发与优化数字文化产品。

用户思维要求文化馆数字资源建设既要有优良的品质，又要关注资源结构优化；既要体现文化艺术的普及性，又要体现文化资源建设的引领性。

此外，文化馆除了自建优质资源外，还可以通过政府采购的方式，购买优质的文化艺术资源。

（三）数字文化服务必须重视数字平台运营

提高文化馆数字文化平台的影响力，扩大数字文化服务的覆盖面，离不开新媒体平台运营。要从文化馆公共文化服务定位出发，充分关注用户的文化需求，重视新媒体的推广运营、内容运营、用户运营、选题策划，不断提升数字文化平台的社会影响力和公众美誉度。

要重视新媒体运营，让懂互联网的专业人员做专业的事情，在实践中提高数字平台运营能力。

（四）数字文化服务必须重视网络活动策划

文化馆在数字文化服务上要有新作为，必须经常性策划组织网络文化

活动以及线上、线下相结合的群众文化活动，吸引公众的广泛参与，激活文化馆数字服务平台，使文化馆网站、新媒体等平台成为公众喜爱的数字文化平台，成为活跃度较高的数字文化服务阵地。

文化馆数字文化服务不应该只是数字服务部门的事情，应该做到馆部统筹、部门协作、全员参与，要根据公众潜在的文化需求，策划开展有创意、受欢迎的网络文化活动，让数字文化平台发挥应有的作用。

（五）艺术慕课教学必须重视文化社群运营

如何提高文化馆数字服务平台的用户黏性，增强文化馆粉丝的活跃度？各地文化馆要利用移动互联网，做好文化社群运营。与商业的社群运营相比，文化馆的社群运营因其公益而非逐利的特点，运营起来相对会容易一些，效果也更值得期待。

数字文化平台是文化馆吸引用户的有效途径。建立了文化社群，后续的社群运营需要文化馆各专业人员倾情投入。适当运用“二八法则”，挖掘核心用户，提高文化社群活跃度。建立文化社群分享机制，组织有关文艺创作和欣赏的分享活动，提高社群的凝聚力。

首先是双向互动，有利于提高艺术培训质量。仅仅在网络上发布艺术教学视频，让公众进行学习分享，那是单向的，类似以往的电视大学教学。艺术慕课的教学过程，十分重视文化馆专业老师与学员之间的交流分享、即时互动、个性化指导。双向互动有助于促进激发学员学习兴趣，提升艺术辅导质量。

其次是满足社交需求，有利于提高社群凝聚力。文化馆艺术慕课学习，既满足了学员们艺术学习的需求，也在一定程度上满足了他们社交的需要。

再次是可持续发展，有利于孵化优秀文艺团队。大学慕课的教学任务完成，就意味着慕课学习的结束。与大学慕课不同，文化馆艺术慕课结束，不仅是一个阶段艺术教学的结束，还是后续社群运行的开始。在文化馆专业老师的引领下，将线上的艺术慕课教学与线下的采风创作、优秀作品分享等有机结合起来，能把因艺术慕课而建立的文化社群逐渐孵化成群众文艺团队，甚至打造成群众文艺团队品牌。这才是文化馆基于互联网的艺术慕课应该有的文化生态，通过文化社群的持续运营，实现从艺术普及到艺术创造能力的提升，实现从文艺爱好者群体到优秀文艺团队的蜕变。

当前，文化馆的数字文化服务，从来没有像今天这样引起文化馆人的高度关注。在这些特殊的日子里，我们更明白文化馆数字文化服务的价值，明白数字文化服务绝不是锦上添花，而是文化馆现代公共文化服务的主阵地之一，是提升文化馆服务效能的重要途径，是文化馆公共文化服务新的着力点。

文化馆数字文化服务任重道远，未来可期。

在线互动交流

主持人：王全吉老师录播的课程结束了，我们已经把王老师请到了网络直播间。

王老师，您好！感谢您给大家带来的精彩授课。因为播出时间有限，我从刚刚的网友留言中选了几个问题，请您在线指导和解答。有网友留言提问，文化馆如何针对青年人，开展创新性、便捷性、有效性的服务？

王全吉：当前到文化馆里来的，老年人和少年儿童比较多。相对来说，年轻人比较少。为什么年轻人到文化馆里来的人不多？这需要我们文化馆人反思，说明我们的工作还没有完全做到位，我们提供的公共文化服务对年轻人缺少强烈的吸引力。我有几个建议：

首先，树立为年轻人服务的意识。文化馆不仅仅为老年人、少年儿童提供丰富多彩的文化服务，也应该为数量众多的青年群体提供现代的、时尚的文化服务。上海市群艺馆策划组织的“素人的展览”，天津市群艺馆策划开展的“青年梦想家”系列活动，都是面向年轻人开展的文化活动品牌。这些文化活动有些很传统，有些又很时尚，受年轻人喜欢。所以，只有我们有了为年轻人服务的意识，才会千方百计地策划开展年轻人喜爱的文化活动，让年轻人共享文化发展成果。

其次，了解年轻人的文化需求。文化馆人要走进年轻人当中，了解他们的文化需求，倾听他们的心声。只有这样，面向年轻人群体的文化服务才能有的放矢。上海市浦东新区文化艺术指导中心几年前推出的“白领午间文化一小时”服务项目，在策划阶段，文化馆专业人员深入陆家嘴金融区和相关部门进行调研，在此基础上推出深受年轻人喜爱的“白领午间音乐会”等文化服务。如今这个项目成为在年轻人群体中口碑很好的文化品牌。

再次，提供精准化文化服务。文化馆要整合各类文化资源，既包括文化馆系统内的资源，又包括文化志愿服务组织、文化类社会组织等方面的资源，策划开展面向年轻人群体的公共文化服务。我们既要关注公共文化服务均等，又要精准对接年轻人的文化需求，提供这一群体所喜闻乐见的文化服务。

记得 2019 年 11 月中旬的一个双休日，我在深圳学习考察。深圳市各级文化馆的公共文化服务给我留下的总体印象是：服务精心，供给精准，品牌精彩。深圳市文化馆联盟积极探索为城市主流群体青年人提供精准化的服务，打造了一系列公共文化服务新品牌。深圳市福田区文化馆梦工场针对场馆的青年主题定位，着力打造“DJ 体验教室”“青年网络电台”“潮流艺术沙龙”三大特色项目，集聚了众多优秀青年文艺人才，文化馆成为深圳城市青年现代文化生活的大本营；福田区文化馆举办的“星空音乐会”，以爵士、吉他、手风琴等多个主题形式展示音乐的魅力，具有时尚性、参与性，让众多都市年轻人走进星空下，走进音乐的世界里；龙华区文化馆打造的“音为有你”青工音乐基地，扶持青工音乐创作，培养青工音乐人才，为优秀青工歌手搭建了实现音乐梦想的舞台。

所以说，如何让年轻人走进文化馆？很多的时候，事在人为。

主持人：接着王老师的话题，我也想提一个问题。近两个月来，我一直关注各地文化馆丰富多彩的在线服务，真是八仙过海各显神通。很多文化馆都在尝试使用第三方的公共社交媒体和传播平台开展服务，我看到有抖音、快手、喜马拉雅、全民 K 歌等。前不久，我在《文汇报》上看到一条报道很有意思，标题是《从小白到抖粉，上海 17 家文化馆“艺”起亮出抖音 Style》。那么，结合您刚才的回答，我想问的是，您怎么看待文化馆这些新鲜的、年轻化的玩法？

王全吉：我也注意到了这个新闻。上海 17 家市区、两级文化馆已全部完成抖音号注册，半个多月来，在“艺起前行”抖音主题活动中，发布了超过 400 个短视频作品！我注意到，松江区文化馆的抖音号，在短时间里拥有了 3400 多位粉丝，显示了很好的发展势头。这是一个值得鼓励和点赞的事情，是文化馆人热情拥抱新媒体的崭新尝试。

短视频直播，是新媒体发展的一种趋势。截至 2020 年 1 月 5 日，抖音日活跃用户数已经突破 4 亿，影响力可见一斑。文化馆开通抖音号以后，要注意几个方面：

首先，要有持续的优质内容输出。抖音的用户很年轻，如果短视频在前 3 秒无法打动他们、吸引他们的兴趣，用户可能就流失了。这对文化馆抖音短视频的内容策划与拍摄制作，提出了很高的要求。我们必须重视短视频的内容策划，体现文化馆文化服务的内容与特点，要有系列性，要有创意。在短视频拍摄与后期的剪辑制作上，要努力体现文化馆人的专业水准，迎接新媒体的挑战。

其次，要了解抖音算法推荐机制。文化馆抖音号的运营、短视频的策划制作，想要获得更多推荐，就需要把握抖音推荐的规则。抖音平台通常根据短视频的点赞率、评论率、转发分享率、完播率、复播率来判断用户是否是优质的注册用户。文化馆抖音短视频，有多少人点赞、评论，有多少人转发、分享，每一个短视频有多少人完整地看完，其复播率如何？这些数据直接影响到文化馆从抖音平台获得的推荐量。

了解抖音算法推荐机制，要求我们加强与网民的沟通与互动。文化馆入驻抖音平台的时间并不长，粉丝数量有限，这个阶段更需要想办法让更多用户来关注文化馆的抖音号，并加强互动，让系统判定文化馆抖音号为活跃用户，并由此为我们建立属性标签，这有助于我们文化馆发布的短视频被系统推荐。

希望文化馆的抖音号运营取得阶段性的成效，为我们全国的新媒体运营提供鲜活的做法与经验。

主持人：俗话说学无止境，互联网正推动社会快速发展，为了赶上时代的步伐，我们文化馆人也要与时俱进，让自己成为玩转新媒体的互联网达人。有网友留言提问，“互联网＋”是文化志愿服务的一条创新路径，在这个方面，您有哪些建议？

王全吉：在互联网时代，如何运用网络平台推进文化志愿服务规范化管理？如果文化馆自身没有更好的网络平台，我推荐“志愿汇”APP这个公益性的志愿服务平台。这个平台的后台注册用户达7500万，下载用户有1500万。

“志愿汇”吸引我的原因主要有以下几个方面：第一，在平台上注册成为志愿者，可以免费领一份保险，最高保额达60万，解决了我们在文化志愿服务过程中可能出现的风险问题。第二，“志愿汇”平台的服务记录具有公信力，用户在手机下载APP后，打开定位，可根据文化志愿服务确定的时间、地点打卡记录，非常科学。第三，这个面向公众的“志愿汇”平台，为公众参与文化志愿服务，为志愿者寻找志愿组织，为文化馆志愿服务组织招募志愿者、发起文化志愿服务，提供了有效的对接。第四，统计便捷。

通过“志愿汇”后台，可以了解到文化馆志愿服务组织一年有多少人参与服务，文化志愿服务总计多少时长，每个文化志愿者服务时间分别是多长，通过后台统计，一目了然，非常便捷。

在移动互联网时代，使用公益性的志愿服务平台，规范文化馆志愿服务日常管理，有利于推动文化志愿服务蓬勃发展。

主持人结束语

因为时间的原因，今天的互动问答就到这里。感谢王全吉老师的精彩授课和答疑。为了更全面地了解文化馆开展数字化服务的情况，中国文化馆协会正在微信公众号上开展专题调查，欢迎各级文化馆和广大网友积极参与。您的每一个选择都会成为推动文化馆行业发展的动力！另外，我们这次思考与讨论的主题征集将持续到 2020 年 3 月 31 日，大家还可以继续通过协会的微信公众号提出您的建议。

网友留言精选

1. 新媒体时代，文化馆需要更新服务理念，走近年轻人；同时，要持续更新服务内容，内容不仅要吸引人也要兼顾地方特色。请问文化馆如何针对青年人群体开展创新性、便捷性、有效性的服务？

2. 普及数字文化馆势在必行，也是文化馆的发展方向，同时也便于开展交流，是拓展公共文化服务能力和传播范围的重要途径。数字文化馆是文化馆人今后努力的方向，我们需要一个更专业、更权威的数字文化平台。线上线下相结合，有效地实施运用（数字文化平台），是文化馆人今后的工作常态，也是一个艰巨的使命。

3. 数字资源建设的重点和倾向性应该是什么呢？数字文化馆如何在非

遗保护特别是传统工艺振兴方面发挥应有的作用？西部地区无法成立数字化部门和无法购买数字化服务的问题怎么解决？

4. 如何增加公众号的粉丝，这是一个亟待探索的问题。几十万的粉丝对很多公众号来说不算多。然而，很多文化馆微信号也就只有几百个粉丝。通过活动吸粉，需要一个很长的过程。

5. 我是湖北省黄石市铁山区文化馆的一名群文工作者。刚才听了王全吉老师“当前文化馆数字文化服务还有哪些提升空间”的讲座受益匪浅，特别是对于我们基层县级文化馆的帮助很大，通过学习我认识到线上线下开展活动，既节约成本，还扩大了地区的知名度，为地区的文化宣传提供了一个无穷大的平台。我们在疫情居家期间就开展了线上教学，效果很好，受到了当地群众的欢迎。

讲座与互动视频二维码

第二讲

疫情对公共文化服务发展影响的思考

主讲人简介

李国新，北京大学教授，博士生导师。北京大学国家现代公共文化研究中心主任，文化和旅游部国家文化和旅游公共服务研究（北京大学）基地主任。兼任文化和旅游部国家文化和旅游公共服务专家委员会首席专家，文化和旅游部“十四五”规划专家委员会委员，北京市“十四五”规划专家咨询委员会委员，文化馆发展研究院院长。

主持人开场词

改革创新，群策群力，共谋发展！

文化馆（站）的各位同人、各位网友，欢迎收看由中国文化馆协会主办、国家公共文化云技术支持的“文化馆事业发展的思考与讨论”直播第二讲。我是本次讨论的主持人——中国文化馆协会秘书长赵保颖。

今天我们请到的是国家文化和旅游公共服务专家委员会首席专家，中国文化馆协会理论研究委员会主任委员，北京大学信息管理系教授、博士生导师李国新老师。他带来的思考与讨论主题是“疫情对公共文化服务发展影响的思考”。

大家在专家授课的过程中，可以通过播出界面的互动区给专家留言、提问。课后，李老师将在线为大家答疑解惑。正值疫情防控期间，我们提醒大家，尽量避免聚集性观看。

“文化馆事业发展的思考与讨论”直播第二讲现在开始。

讲稿精粹

这次的新冠疫情对全国各行各业都产生了巨大影响，公共文化领域自然也不例外。疫情对公共文化领域的影响主要有两种表现：一是直接影响，具有冲击性、约束性，如场馆全面关闭、阵地服务全部停止；二是间接影响，具有预警性、启发性，这种影响可能更多、更普遍，如疫情中不同领域、不同层面出现的一些经验教训，启发我们思考未来促进公共文化服务高质量发展的相关问题。

一、公共数字文化服务的强化与完善

与2003年SARS疫情相比，在这次疫情防控期间，全国公共文化服务有了很大变化，最突出的表现是网上公共数字文化服务全面发力，“线下关门，线上开花”。就文化馆领域来说，网上展示了大量的群众文艺作品、文化活动和艺术普及资源，出现了“云上文化馆”，一批艺术普及慕课上线，文化馆服务多形态、多载体、多样化。突如其来的疫情，检验了各级各类公共文化机构的硬件保障水平、数字资源储备状况和数字服务能力。今天的公共文化服务已经彻底告别“一关门就没事干、没办法”的时代。这充分显示了近十年来我国大力推动公共数字文化建设的成效。

综观疫情防控期间文化馆的网上服务，表现出来的最为明显的问题是：数字资源总量不足和适用性不好。

先说数字资源总量不足的问题。每个文化馆可能都有一些零散的数字资源，但在整个文化馆领域还没有形成有规模的、有行业特色的数字资源集群。文化和旅游部在疫情期间汇集推荐的“在线文化艺术服务”，有在线图书馆、在线博物馆、在线美术馆、在线非遗展示、在线剧场，却没有在线文化馆。有人说，在线群众文化、在线文艺作品就是文化馆干的事。没错，但这些工作并没有以“在线文化馆”去归并、去集中、去统领，这至少说明在一般人心目中，这类资源还没有和文化馆紧密地捆绑到一起。换一个角度说，那就是整个文化馆领域有行业特色的数字资源集群还没有形成，数字资源总量还不够多，规模还不够大。

再说适用性不好的问题。适用性不好主要表现在两个方面。第一，在内容上，贴近老百姓生活、适应老百姓真实需求的资源不足。文化馆的数字资源以什么样的内容来满足公众常态化需求、提高适用性，这是在确立资源建设指导思想、总体设计时需要认真研究的问题。第二，在形式上，文化馆的数字资源与移动互联的适应性不够，行业特色体现不足。比如，不少文化馆在网上放了舞台演出节目、培训讲座视频，但一两个小时一场的演出、讲座，显然不适合一般人在移动终端上利用。艺术普及培训和辅导是文化馆的主要业务之一，在互联网环境下，艺术普及慕课是很好的实现艺术普及和辅导的方式，有希望成为具有文化馆特色的代表性数字资源类型，但直到目前，文化馆领域真正意义上的慕课资源和利用平台并不多。

面对问题，文化馆的数字服务怎样“强化”和“完善”？

首先，全行业需要进一步提高对开展数字化、网络化服务的认识。虽是老生常谈，但真正转变观念、提高认识是最为关键的。时代发展到今天，文化馆开展数字化、网络化服务不仅是在疫情这样的非常时期才需要，它应该是常态化的，和阵地服务是双轮驱动、两翼齐飞的关系。从这次疫情期间文化馆网络服务的表现看，真正效果好的，都是平时数字化建设基础好、数字资源储备好的文化馆。提高认识、转变观念需要真正落实在发展规划、工作部署、重点任务上，如馆内有没有专门的数字化网络化服务的工作部门、人员队伍、硬件建设规划、资源建设项目、保障条件等。就实际情况看，全国还有为数不少的文化馆并没有真正落实这些举措，说明离真重视、真转变观念还有距离。

其次，需要增加文化馆数字资源的总量。加大特色资源的自建力度是增加文化馆数字资源总量的重要途径，此外，文化馆领域还需要尽快建立常态化的市场采购资源的理念和机制。我有一个观点：文化馆应该成为古今中外艺术普及类资源的收藏中心、欣赏阵地和流通中心；面向老百姓免费提供古今中外艺术普及作品欣赏服务，应该成为文化馆的常态化、基础性服务项目。承担这样的社会功能和专门服务，首先应该有系统丰富的资源储备。文化馆应该建立常态化的、通过面向市场购买扩大数字资源规模的理念和机制，要有资源建设规划，有资源购置经费，有资源管理人才，要形成馆藏资源体系和特色。如果每个馆都这样做，那么对文化馆自身来说，可以拓展面向公众的常态化艺术普及欣赏服务和活动；对整个文化馆领域来说，数字资源的规模就会扩大，存量就会增加；对事业发展来说，还可以带动面向文化馆行业的数字资源生产、相关装备制造产业，培育出一批服务于文化馆的产业主体、市场主体，有利于形成政府、市场、社会共同推动文化馆事业发展的格局。

再次，需要凝练文化馆数字资源的特色。说到图书馆的数字资源，人们马上想到电子图书；说到博物馆的数字资源，人们马上想到数字展览。这就是一个行业的代表性资源类型。文化馆最具特色、最有代表性的数字资源是什么？其概念并不像图书馆、博物馆那么明确。因此，凝练文化馆数字资源的特色，形成社会认知程度较高的文化馆数字资源类型，是进一步强化和完善文化馆数字资源建设的重要任务。

我认为，全民艺术普及慕课是具有文化馆特色的数字资源类型。首先是因为这种资源形式与文化馆面向公众开展艺术普及培训的功能相适应，简单地说就是把文化馆传统的点对点、面对面的培训课程搬到了互联网上。全民艺术普及慕课是培训、是教学过程，内容有一定的系统性，不是随机讲座，不是单纯欣赏，所以能体现出文化馆服务的特色。其次是因为这种资源形式与移动互联网络环境下人们的利用习惯、利用方式相适应，全民艺术普及慕课内容精粹、单元短小、表现形式丰富、具有交互性。再次是因为这种资源形式有利于促进文化馆服务方式、工作方式的变革与转型。慕课是一个教学过程，从课程设计、讲授到互动答疑都要求主讲人、课程团队全程跟踪参与。参与人员不仅要有专业技能，还需要有信息素养和基本的信息技能，这对业务干部的知识结构、专业能力提出了新的要求，可以促进文化馆专业人才的知识更新和服务方式转型。从文化馆网络服务的实际效果看，艺术普及慕课很受欢迎。如在疫情期间，苏州市公共文化中心推出的5门70节艺术普及慕课，据媒体报道，短短20天的时间有450万人次访问，50多万人次参加在线学习。成都市文化馆在疫情期间先后推出六批“慕课班”，据媒体报道，截至2月12日，慕课平台新增访问量5

万人次，500 个学员名额 10 分钟左右被一抢而空。文化馆领域要充分认识艺术普及慕课这种资源形式的特性和优势，将其打造成为文化馆领域标志性、品牌化的数字资源。

目前的主要问题是一些文化馆对艺术普及慕课的理解和认识不到位，往往把慕课混同于专题片、短视频、教学片、嘉宾访谈、网络课程等形式，徒有其名的慕课为数不少，这是亟须改变的状况。前不久王全吉先生写过一篇网文《文化馆艺术慕课的正确打开方式，你 get 到了吗？》，文章结合广东省惠州市文化馆的教学案例对艺术慕课的特点、优势和教学过程做了很好的阐述。其实，早在 2017 年，中国文化馆协会理论研究委员会和北京大学国家现代公共文化研究中心就联合发布过《全民艺术普及慕课建设指南（第 1 版）》，对艺术普及慕课的基本特点、制作流程、实施要点做了较为全面系统的介绍。文化馆领域的艺术普及慕课开发和建设，需要进一步强化按照慕课基本规律、基本规范进行的意识和实践，打造具有鲜明文化馆特色的艺术普及慕课。

对现有数字资源进行改造，是形成文化馆数字资源特色的另一个重要方面。各级文化馆大都存有一批不同载体的舞台表演作品、群众文化活动视频、培训教学视频、艺术档案等数字资源，这类资源直接用于今天的网络服务，往往表现出篇幅大、耗时长、亮点不突出、对年轻人的吸引力不强等不足。如果按照移动互联网环境下利用的特点、按照不同人群的欣赏特点对这些存量资源加以加工改造，就会以较低的成本、较快的速度形成一批特色数字资源。比如按精粹点对整台舞台表演作品加以切分，把群众文化活动的精彩片段改造成微视频，遴选艺术档案片段作为艺术普及慕课的素材，把供观看的影像作品改造为可供随身听的音频资源，等等。和资源的开发与建设相比，对存量资源的改造投入小、见效快，实现了资源的增值，还可以锻炼、提高文化馆业务干部的信息技能水平。

二、公共文化机构危机应对的重点和机制

这次疫情再一次把突发危机应对提到了各行各业面前。公共文化机构应该重点考虑的危机应对，并不是新冠肺炎这样的大规模公共卫生危机，而是具有自身特点的、和日常公共文化服务密切相关的可能出现的危机，主要是资源存储安全和利用者人身安全，比如，涉及资源存储的火灾、水灾等自然灾害，涉及人身安全的场馆空间防护、群体聚集意外伤害等。《中华人民共和国公共文化服务保障法》《中华人民共和国非物质文化遗产法》《中华人民共和国公共图书馆法》《博物馆条例》等现行有效的法律法规对此都有原则性的规定。

这次疫情促使我特别思考一个问题：怎样建立公共文化机构危机应对的常态化机制？有效的危机应对需要建立在常态化的应对机制建设基础上。《中华人民共和国公共文化服务保障法》规定公共文化设施管理单位要加强公共文化设施经常性维护管理工作（第二十条），《中华人民共和国公共图书馆法》规定公共图书馆要定期对其设施设备进行检查维护（第二十九条）。所谓"经常性""定期"，都是着眼于建立常态化机制的规定。国外公共文化机构往往设立制度化的、专门的闭馆日，集中进行内务整理、设施设备的维护，这种制度设计值得我们借鉴。以日本为例，图书馆、公民馆等机构每年都有短则一周左右、长则半月之多的例行闭馆日，这种闭馆日不是关门放假，而是全员进行内务整理、设施设备检修、系统维护等。比如，东京都立图书馆每年 10 天，2019 年的闭馆日在 6 月；新宿区图书馆是每月一天，在每月第三周的星期四，这是固定化的；福冈县立图书馆每年有 15 天。千叶市、札幌市的公民馆，虽然没有明示是哪一天，但在闭馆日说明中清楚地写着有为了设施设备维护的闭馆日。这就是一种常态化的、定期的安全检查和运行维护制度。

目前，我国的公共文化机构有不少是全年无休。应该承认，全年 365

天开放为改变公共文化机构开放时间“行政化”做出了历史贡献，但我国公共文化服务发展到今天，冲击“行政化”开放观念的时期过去了，开放时间应该逐步向规律、规范、可持续迈进。借鉴国际经验，公共文化机构建立健全常态化的危机防范机制应该提上日程了。具体说，就是公共文化机构每年都应该有集中的、定期的、制度化的、全员参与的内务全面整理、设施设备检查维护的时间。防患于未然是最好的危机应对之策。

三、关于公共文化服务的专业化发展

2020 年 2 月中旬，网上忽然冒出一则信息并迅速流传，称某人根据易学原理和中医“五运六气”理论，早在 2011 年就预测到今年这个时间要暴发疫情，精确到 2019 年 12 月 26 号凌晨 5 点开始，2020 年 3 月 24 号上午 10 点结束，还煞有介事地提供了该“神预测”的原始出处——某人出版的《实证化中医基础理论及运用》一书第 92 页。“有图有真相”，一般人看了之后不信都难。这一信息带来的社会效果是什么？它制造了一种神秘气氛、不可知主义、恐慌情绪。上海图书馆的专业馆员先后查证了上海图书馆、国家图书馆的馆藏目录以及全球最大的联机图书馆书目数据库，并没有发现同名同作者的该书；接着，他们又利用国内权威报刊数据库、会议论文数据库，找到了收录在一部会议论文集中的同名同作者论文。他们发现，这篇论文并没有任何像那条信息宣称的预测疫情的内容，这证明这一说法纯属子虚乌有。在得出科学、专业的结论以后，他们通过媒体明确告诉社会公众，所谓“神预测”并不存在。这一查证结论很快被各类媒体广泛转载传播，上海图书馆的馆员以出色的专业信息检索能力、专业贡献为终止该不实信息的流传惑众发挥了关键作用。

从理论上说，专业分工就是所谓的“术业有专攻”，是社会发展到现代、进入文明阶段的标志。有了专业分工，才有商品交换，才有市场经济，才有现代社会。所以，以专业能力服务社会是专门性职业集团存在于社会系统中价值的根本体现，是提升专业服务社会认知度和影响力的有效途径。不论平时还是非常时期，真正体现职业规律、专业能力的服务才具有职业价值和职业贡献，这应该成为公共文化机构和从业人员奉献社会的主要方式，成为专业化、高质量的公共文化服务的追求目标。

现代公共文化服务有一个国际性的普遍理念，强调公共文化服务在专业职务基础上运营。美国建立了比较严格的图书馆员职业资格制度，要求所有进图书馆工作的人，必须获得美国图书馆协会认可的大学图书情报专业硕士学位。日本有图书馆“司书”制度、公民馆“主事”制度、博物馆“学艺员”制度。这都属于专门机构的职业资格制度，目的是促进公共文化服务的专业化发展。

联系我国公共文化领域的现实看，《中华人民共和国公共文化服务保障法》提出了推动公共文化服务专业化发展的要求，《中华人民共和国公共图书馆法》规定公共图书馆的工作人员应当具备相应的专业知识和技能。目前已经有一些地方性立法对图书馆馆长任职条件进行细化、具体化，比如《广州市公共图书馆条例》规定，市级公共图书馆的馆长应当具有相应专业的正高级专业技术职称或者具有五年以上图书馆工作经验的相应专业副高级专业技术职称；区域总馆的馆长应当具有相应专业副高级以上专业技术职称或者具有三年以上图书馆工作经验的相应专业中级专业技术职称。《贵州省公共图书馆条例（征求意见稿）》中也有类似的规定，省、地两级图书馆馆长的任职条件和广州市的规定相同，最基层的县级图书馆馆长也要求具有中级以上专业技术职称或者具有三年以上图书馆工作经验的初级专业技术职称。总的精神是体现专业化、去行政化。文化馆领域也应该向这样的方向发展。

满足人民群众美好生活的新期待是今后公共文化服务的战略任务，高质量发展是未来公共文化服务发展的主线。高质量发展对公共文化服务的专业化水平提出了更高的要求。服务专业化的根本是人的专业化，简单地说就是“让专业的人做专业的事”。推动公共文化服务高质量发展，我们必须补上这个短板。这是由疫情引发出来的又一个思考。

在线互动交流

主持人：李国新老师的录播课程结束了。今天听课的网友数量剧增，给我们的服务器造成了一定压力。没有成功登录直播界面的网友，可以到国家公共文化云“文化馆事业发展的思考与讨论”专栏收看回放。

我们已经把李老师请到了网络直播间。李老师，您好！近两个月，我们一直在关注媒体、行业朋友圈以及各个工作群，聚焦疫情的动态以及各地文化馆的创新作为。今天您的授课，以疫情防控、以文化馆自身为焦点，从宏观政策，国内外、行业比较等研究视角，提出了一些关于公共文化服务体系建设的重要观点，让我们受益匪浅。感谢您的精彩授课。

因为时间原因，我从前期的主题征集、互动区的网友留言中选了几个问题，请您在线解答。在我们的主题征集中，有很多馆员对慕课资源的建设提出问题。刚才您在授课中也提到，中国文化馆协会理论研究委员会与北京大学国家现代公共文化研究中心，在前几年已经研制了《全民艺术普及慕课建设指南》。那么，请您为大家解答，慕课建设标准都包含哪些内容？民族地区慕课资源建设的思路和重点是什么？

李国新：《全民艺术普及慕课建设指南》主要包含三个方面的内容：一是慕课的知识性内容，如慕课的概念、特点以及与相近资源类型的区别等；二是慕课的制作流程，也就是一些准备性的工作，如慕课的选题、教学准备、录制准备以及课程发布和维护；三是实施要点，如课程结构体例、录制步骤、方式和模式、发布平台选择、教学管理方式、宣传推广等。

发布《全民艺术普及慕课建设指南》的目的是提供制作慕课的规范，希望能够按规律来制作慕课。当然，文化馆的数字资源是丰富多样的，并不是只有慕课，还有专题片、短视频、嘉宾访谈、网络课程等。我想强调的是，艺术普及慕课这种资源形式，它应该成为文化馆领域有代表性的、有行业特色的一种资源类型，因为它非常适应文化馆的业务特点，能够促进文化馆行业在互联网环境下思维方式、服务方式、工作方式的转型。

关于民族地区慕课资源建设的思路和重点，我认为，在慕课制作技术、实现方式上，民族地区与非民族地区并没有什么差别。特点主要体现在内容上，即便是日常阵地服务，不是也在强调体现服务内容的特点吗？慕课，不过是把有特点的内容搬到互联网上。对于民族地区来说，下面两点应该给予特别关注：

第一，民族地区做艺术普及慕课面临的最大的困难，简单地说，一个是钱，一个是人——专业化的人。人的问题，我觉得不仅民族地区，所有的地区都一样。文化馆做慕课，不必大而全、小而全，什么事情都自己来。文化馆要主导慕课的内容，一些制作、技术方面的事情，更多地要引入社会力量，让专业的人干专业的事。通过引入社会力量参与慕课开发和建设，还可以带动起服务于文化馆的市场主体，在很大程度上解决人的专业性问题。钱，其实我们国家现在经济社会发展基本的政策是对“四区”倾斜——革命老区、民族地区、边疆地区和贫困地区，民族地区要更多地争取资金，在一定程度上解决经费问题。

第二，民族地区的艺术慕课建设要尽可能与当地的文旅融合、乡村振兴、美丽乡村建设等项目有机地结合起来。对慕课资源进行加工改造，为文旅融合、乡村振兴做贡献，把慕课这种特色资源以其他方式传播出去，一方面使慕课资源的效能进一步扩大，另一方面把文化馆的业务性工作纳入经济社会发展主渠道，推动艺术慕课的建设和发展。

主持人：好的，谢谢李老师！我刚才在直播留言区看到一位网友提问，想请您解答，如何运用现代互联网，加强对公共文化服务的过程管理？

李国新： 我所理解的过程管理，大致是说公共文化机构对业务模块、业务流程、业务实施的管理。总体上看，我觉得文化馆相较于图书馆和博物馆在利用互联网进行过程管理方面是有一定差距的。怎样进一步加强？怎样缩小差距甚至超越？应从以下两方面入手。

一是文化馆内部的业务管理需要尽快地、全面地实现数字化、网络化，重要的是广泛采用通用的业务信息管理系统。现在许多文化馆的内部业务管理已经使用了计算机，但离通用的业务信息管理系统还有距离。我这里要特别强调“通用”。通用是什么意思？元数据标准统一、接口开放，便于互联互通。不是一个馆一个信息孤岛。当然，所谓通用也不是说全国用一个系统，没有竞争也是不行的。这是在文化馆系统之内应该解决的问题，解决了这个问题，有利于整个业务流程、业务管理的互联互通。

二是智慧化。业务管理也好，过程管理也好，不能仅仅是业务实态的记录，信息的录入、统计等，还应有一些基于基本数据的决策支撑预测，这就是一个智慧化的系统。从这个意义上说，过程管理系统的智慧化有后发优势。

此外，今天的业务信息管理系统不能再局限于一个馆了，要考虑总分馆体系。我们在组织体系上推广总分馆制，管理系统的流程设计一定也得解决总馆如何兼容分馆、中心馆如何兼容总分馆的问题。国务院五部委《关于推进县级文化馆图书馆总分馆制建设的指导意见》也明确要求总分馆体系一定要有互联网支撑。今天文化馆的过程管理，以上这些方面是应该注意的。

主持人： 下面还有一个问题，这应该是针对您刚才谈到的第三个方面“加强公共文化服务的专业化发展”提出的。网友在留言中是这样问的，新时代文化馆的专业化建设应该从哪些方面着力？

李国新： 专业化问题是一个很宏大的问题，在刚才的基础上，再补充一点看法。公共文化服务的专业化，特别是聚焦在文化馆领域，需要关注的问题主要有以下三个方面。

第一，要加强基础理论研究，构筑文化馆理论体系。目前在公共文化领域，和图书馆、博物馆相比，文化馆在这方面相对薄弱。文化馆领域理论研究的氛围不是太浓，理论研究在整个工作格局中的地位不是很到位，激励机制、研究阵地相对薄弱。比如研究阵地，文化馆领域目前还没有公开发行的、权威性的行业学术杂志，这和图书馆、博物馆领域还有一些差距。这些差距体现在行业发展上，导致行业发展的职业理念、职业使命、职业伦理、社会功能，没有一个共识程度广泛的阐述和认同，行业存在于社会系统当中的合理性、合法性没有一个深刻的阐述。在实际工作中，往往是碰到一件事情，一拍脑袋就大干快上。这都是研究薄弱、理论体系不健全的表现。专业化发展需要解决这个问题。职业集团存在于社会系统中的基本理念、基本制度、基本规范一定要建立起来，这是一个行业发展成熟的基本标志。有些来自基层的同志可能会说，我在基层做具体工作，干嘛非得要理论研究呢？其实，不同层面有不同的研究问题，基层实际工作不需要研究吗？什么叫研究？别把研究想得太玄乎，碰到事情、碰到工作先想清楚，这就是研究。所以，文化馆行业要加强理论研究。

第二，根据目前中国公共文化服务发展的实际，需要在融合发展的大趋势中体现服务的专业性。从国际上看，公共文化服务融合发展是大趋势。前不久在国际上引起很大反响的芬兰赫尔辛基颂歌图书馆，虽叫图书馆，但你看它的内容是什么？国内也有，比如说刚刚开馆的苏州第二图书馆，以及新建的浙江省嘉善县图书馆，都体现了这种公共文化服务的融合发展。融合发展不是谁吃掉谁、谁取代谁，而是从百姓文化需求的角度出发强调服务应该融合。不同的公共文化机构在融合发展中尤其需要体现专业特色。前几天我在网上看到佛山图书馆搞了一个活动，叫“音阅推广”，就是通过音乐推广全民阅读。谁说全民阅读就不能用音乐舞蹈这样的艺术形式去推广？反过来说，谁说全民艺术普及就不能通过阅读形式去推广？所以融合发展又要强化特色，这是专业化发展的一个基本趋势。文化馆领域要认识、理解和实践这种模式，要打破封闭，在更广阔的平台上，通过自身无可替代的特色来体现专业性。

第三，文化馆事业要进入学科体系，文化馆专业教育要进入高等院校。目前大学中有图书馆专业，有博物馆专业，没有文化馆专业，但是，在中国，文化馆行业的从业人员数量比图书馆、博物馆多。产生这一现象的原因有许多，但既然我们已经认识到了这个问题，就要推动解决问题。如果没有进入学科体系，那理论建设、学科地位一定会受影响，如果在大学中没有专业教育，专门人才从哪里来？我有一个看法，不知各位同人能不能认同：文化馆的人才不是单纯的艺术表演人才，他应具备和老百姓沟通，组织、协调、管理群众文化活动以及运用现代信息技术的能力，所以没有艺术才能干不了文化馆这个活儿，仅有艺术才能也干不好文化馆这个活儿。这种人才需要大学源源不断地培育，源源不断地输出，这样才能保证队伍的专业化。专业化的根本是人的专业化。专业化是个宏大的问题，除了我在讲课时说到的从业人员的问题，关键少数、领军人物的问题之外，上面说的这几个方面的事情也是比较重要的，需要我们共同探讨，共同推动。

主持人结束语

围绕着文化馆的理论研究和实践创新，最近几年，中国文化馆协会组织编写出版了一系列出版物，对促进事业发展有参考意义。中国文化馆协会秘书处也不断收到业界同人的电话、邮件和网络留言，咨询如何获取这些出版物。借这个机会，我统一介绍一下。

文化馆协会从成立至今，已经出版了十几种出版物，其中有 6 本中国文化馆年会征文获奖论文集，分别是:《文化馆的实践与创新——2014 年中国文化馆年会征文获奖作品集》（中国文联出版社）、《全民艺术普及：文化馆的责任与使命——2015年中国文化馆年会征文获奖作品集》（国家图书馆出版社）、《文化馆——创新发展服务基层——2016年中国文化馆年会征文获奖作品集》（中国文联出版社）、《繁荣群众文艺　畅想文化中国梦——2017年中国文化馆年会征文获奖作品集》（中国书籍出版社）、《增加活力　提高效能——2018年中国文化馆年会征文获奖作品集》（光明日报出版社）、《新时代文化馆：改革　融合　创新——2019中国文化馆年会征文获奖作品集》（国家图书馆出版社）；3册行业蓝皮书：《文化馆蓝皮书：中国文化馆全民艺术普及发展报告（2015—2016）》（人民日报出版社）、《文化馆蓝皮书：新时代文化馆创新发展（2017—2018）》（国家图书馆出版社）、《广场舞文化发展报告（2017）》（九州出版社）；理论研讨会征文论文集《"新时代文化馆理论体系构建"主题征文获奖论文集》（上海大学出版社）；5册文化大视野。

2019年我们出版了3种资料，分别是2018年年会论文集、2017—2018行业蓝皮书、历届年会精粹多媒体光盘，这3种资料将于今年上半年发放给大家。我们会在协会的微信公众号上发布出版物信息及相应的获取方式。感谢各位对协会的关注。

文化馆协会是为行业提供服务的，也感谢大家对我们的关注与支持。今天的思考与讨论就到这里，让我们再次感谢李老师的精彩授课！

网友留言精选

1. 非常赞同李教授的观点，具有很强的指导性，课程为我们指明了方向。全民艺术普及慕课是文化馆数字资源的特色。

2. 如何用现代互联网，加强对公共文化服务的过程管理？

3. 科学安排流程设计，重视人才开发。为什么数字资源运用到文化馆领域的专门人才缺乏？

4. 希望提供有关慕课标准的相关资料，便于学习。目前为止，我们这边还是空白，特别是我们这边少数民族地区，特别需要这方面的资料。

5. 加强公共文化服务力度，占领农村文化阵地。专业服务标准是各行各业发展所必需的。

讲座与互动视频二维码

第三讲

深化公共文化服务供给侧改革的若干思考

主讲人简介

杨乘虎，北京师范大学艺术与传媒学院院长助理、影视传媒系主任、教授、博导，文化和旅游部国家文化和旅游公共服务专家委员会秘书长，文化和旅游部国家文化和旅游研究基地——北京师范大学国家公共文化发展研究中心执行主任，文化馆发展研究院副院长，全国文化馆标准化技术委员会委员，教育部新世纪优秀人才，全国广播影视“十佳”理论人才。

主持人开场词

改革创新，群策群力，共谋发展！

文化馆（站）的各位同人、各位网友，欢迎收看由中国文化馆协会主办、国家公共文化云技术支持的“文化馆事业发展的思考与讨论”直播第三讲。我是本次讨论的主持人——中国文化馆协会秘书长赵保颖。

今天我们请到的是北京师范大学艺术与传媒学院院长助理、影视传媒系主任、教授、博士生导师杨乘虎老师。杨老师是国家文化和旅游公共服务专家委员会秘书长，国家文化和旅游研究基地——北京师范大学国家公共文化发展研究中心执行主任，全国文化馆标准化技术委员会委员，教育部新世纪优秀人才，全国广播影视“十佳”理论人才。

他今天给大家带来的思考与讨论主题是“深化公共文化服务供给侧改革的若干思考”。授课与讨论时间大约 1 小时 15 分钟。大家可以在专家授课的过程中，通过播出界面的互动区，给专家留言、提问。课后，杨老师将在线为大家答疑解惑。为了巩固当前的防疫成果，我们也提醒大家，尽量避免聚集性观看。

“文化馆事业发展的思考与讨论”直播第三讲现在开始。

讲稿精粹

选择“深化公共文化服务供给侧改革的若干思考”为本次讲座的议题，既是基于疫情期间引发的一些理论思考和实践观察，也是我本人这些年来对于国家公共文化服务体系建设的研究聚焦。

一、看形势，深化公共文化服务供给侧改革的新环境分析

用“新环境”这样的词语来界定和表达，是因为供给侧改革在当前所面临的环境，有别于供给侧改革刚提出时公共文化服务体系建设的语境。当前公共文化服务体系建设、服务发展的体量和数量取得了骄人的成绩，国家级示范区和省级示范区的区域推动，极大地改善了体系建设的基础，但也出现了覆盖面、适用性等方面的新问题。

当前的新环境和新形势，可以概括为三个方面：

（一）重大公共事件

当前，全国正上下一心共同抗击新冠疫情。新冠疫情作为一个重大的公共性卫生事件，对于国民经济、社会、生活等多方面的影响不是短暂的。一方面，疫情中文化消费停摆，常态化的文化参与和文化消费不能进行，公共文化机构的常态化供给处于中断状态，取而代之的是用云上服务来提供补偿性、局部性供给；另一方面，国内疫情防控持续向好，全球疫情正处于大爆发时期。研判后疫情的整体形势，它对于全球发展环境的影响是非常深刻、深远的。

从供给侧的角度看，第三产业受疫情影响最大，以服务业为代表的第三产业，在国民经济中的占比已超过 50% 多。不仅是第三产业中提供常规服务的微小企业受到影响，文化类的微小企业也同样面临生存危机。这使得原来能够开展常态化合作的文化类小微企业，同样面临着特殊发展境遇。

从当前到中远期的发展来看，此次疫情涉及全体国民、全球居民，人们的心理变化和心理调适的压力处在一个非常巨大的时期。公共文化在调适社会心理方面能够扮演重要的角色，被寄予很高的期待。可以预测，当疫情过去，重新恢复到开放时期，我们会迎来一个公共文化服务供给和社会心理需求的爆发期。

（二）高质量发展

从发展的角度看，高质量发展和现代治理体系是中国发展的新愿景和新目标。高质量发展的提出，对于公共文化来讲是问题导向的研判，它指向了公共文化服务的供需错位、高质量供给和精准供给不足的突出问题。虽然现有公共文化服务体系规模可观，但供给面不能切实满足人们对于美好生活的新期待；不平衡和不充分的矛盾，集中体现为高质量供给和优质供给不足。

从群众反馈的角度来看，第三方监测数据普遍反映出人民群众对于公共文化服务的知晓率、参与度和满意度都不高。不仅是中西部地区，在东部地区这样的“三低”同样存在，这就验证了公共文化服务供给品质、精准供给、对象化程度不高等问题。所以高质量发展、高质量供给不足，也造成了群众的知晓率不高、参与度不高和满意度不高。

为了解决这个问题，党的十九大明确提出要推动高质量发展，因此我们要看到未来“十四五”发展规划愿景期内，精准扶贫、乡村振兴以及文旅融合等一系列的发展诉求，都对于公共文化体系的供给侧改革提出了新的要求。一是均等化体系，二是绩效评估体系，三是社会力量深度参与体系，四是数字文化服务创新体系，五是文旅融合公共服务体系，这五个方面构成了高质量发展的核心领域。

（三）现代治理体系

党的十九届四中全会提出国家治理体系和治理能力现代化。公共文化服务体系供给侧改革要以效能为导向。公共文化作为治理手段，同时也是治理的对象，这意味着现代治理体系下沉的现代文化治理体系、现代公共文化治理体系，必须要解决好功能发挥的问题。对于公共文化治理的能力、方式、结构以及公共文化之于社会进步、艺术普及、全民美育、提升全民族素养等这些方面作用，当前还处于起步的阶段。这个起步阶段直接指向体系建设在中国发展的重要动力，即政策工具如何更好地完成顶层设计和制度成果转化，形成支持高质量发展、支持推进现代治理体系建设的政策体系。

二、调结构，推动公共文化服务“体系 + 平台”优化升级

公共文化服务体系供给侧改革首要命题是调结构。

（一）多维度透视现有供给结构

1. 供给模式单一

第一，现在绝大多数公共文化机构主要供给和服务方式是自产自销，机构是责任主体和执行主体，也是供给主体。所以，文化馆、图书馆、博物馆、美术馆（以下简称：文图博美）等公共文化服务机构都在不断培育自身产能，即供给能力，这是机构发展的第一诉求。不论是硬件设施建设，还是软件配套，目的都是提高自身的供给能力，这个供给能力主要依托于自身的资源、资金、技术来实现自产自销，是个闭环结构。

第二，近年来国家推出政府购买服务，政府代购配置也构成了公共文化服务的重要方式。当很多地方自身生产能力不足、供给能力不足、供给品类比较单一时，就会越来越多地向政府释放出希望政府定制采购的诉求。因此，就构成了从“两办”文件到《中华人民共和国公共文化服务保障法》提出的国家制定指导标准、地方制定实施标准、公共文化服务机构确立实施目录等一系列举措，以此来实现按照服务清单供给。政府采购成为很重要的一个供给侧改革方式。

第三，社会组织、社会力量的局部参与。当前在中国，社会组织和社会力量已经参与到公共文化服务体系的多个方面，如内容创意策划、产品打造加工、运营管理和第三方的监测评估等，但这种参与经常是局部性的，完整性的托管在很多地方还不普遍。

尽管供给模式可概括为上述三种，但从比重上来看，依然是文化机构自产自销为主要，政府的采购为补充，社会力量局部参与为重要补充的结

构，供给模式仍然比较单一。

2. 资源获取受局限

基于这样的供给侧结构，优质公共文化服务从资源到产品的获取存在一些制约因素，即地域性、真实性和稳定性。第一，地域性。这是由于场馆较多地依托于一方水土，东、中、西不同地区的场馆在获得资源的空间向度上明显受到地域限制。第二，资源和服务的真实性。尽管政府不断完善采购和招投标等监管措施，但依然不能保证所采购的产品、获得的资源是优质的，是能够满足本地老百姓需要的。第三，稳定性。在一些特殊时期、一些重大时间节点上，时常不能很好地保证优质供给。因此，地域性、真实性和稳定性，导致了现在社会供给存在一定的局限。

3. 行业服务标准不健全

从目前来看，文化馆的国标、行标、地标不是很健全。不健全就导致相当多采购在确定供应商时，会面临优质供给的评价标准不完善，资质认定的多元化问题。

4. 供需信息发布及获取碎片化

供需是双方面的。目前采集的老百姓需求反馈数据，大多数是碎片化的；服务机构希望能够吸纳更广泛的资源，但是产品供应方参与到信息发布平台的信息也是碎片化的，说明缺少集中统一揭示、显示、发布和获取资源和需求的平台，这些问题相当多都与结构性的因素有关联。

因此，调结构的一个核心目的就是推动公共文化服务“体系＋平台”优化升级。文图博美作为优势、主流的公共文化服务机构，它应该是主流平台。主流平台供给的、跟公共文化相关的多类型产品，也应该是主流内容。但是主流平台和主流内容，与当前中国社会，无论是城乡的主流人群还是主流需要之间，普遍存在着供需对接错位、错配现象。这恰恰说明，主流平台、主流内容没有很好地、对象化地满足主流人群的主流需要，这就是供给侧和需求侧之间产生的落差。

（二）调结构的四个探索和考量

以上提到的落差要求我们不仅要考虑体系的问题，还要考虑平台的问题，因为体系是从建设和发展的视角来观察的，但平台是从老百姓使用和获得的角度来观看的。两者视角不同，需要我们换位思考，具有结构性思维。调结构需要四个全方位的探索和考量。

1. 体系化思维，覆盖全领域

在思维层面，体系化建设是指供给侧改革不仅要聚焦供给和生产这一侧，还要考虑需求侧的需要和呈现。供给和需求在前端对接，才能保证后期到达预期的满意度。所以在体系化思维里，公共文化服务包括政策、人员、资金、组织、机构、运行。体系化思维方式，使得公共文化服务供给侧改革不仅是局部性改革，而且是对公共文化服务体系发展的全领域的体制机制调整。在以往的实施过程中，我们对全领域的考量和兼顾存在着不足、不全。

2. 平台化功能，全环节联通

平台化最重要的是体现服务的功能和效能，这是基于老百姓获得感角度来提出的。在供给侧的实施过程中，经常会出现“一地一馆”的割裂和独立，而不是全环节的。文化馆考虑文化馆、图书馆考虑图书馆、博物馆考虑博物馆、美术馆考虑美术馆，从独立发展的角度来讲，各司其职是对的，要坚持基本定位，要培育各自的服务特色，打造特色产品和资源。但是，从老百姓的角度来讲，文图博美机构在体系里供给的都是产品和服务，产品和服务面临着如何突破馆际界限、突破服务产品界限的问题。由此，在学界和实践领域产生了一些讨论：比如文化馆常态做艺术普及，那图书馆里能不能做艺术鉴赏？文化馆里可不可以开展全民阅读？主导业务的互相介入，乃至于互相融合，引发了很多业内人员的争鸣，甚至是不解。这说明，在公共文化服务体系建设的过程中，在打造自身服务特色的过程中，我们文化场馆经常是把同行作为竞争对手的。竞争不可避免地会有排他性，而公共文化最大的公益性特点是拒绝排他性。这个时候，竞合关系不能出现零和博弈的状态，而要更多地出现一种协同并列，甚至共建共享的发展格局。所以，供给侧改革应该也需要从需求端的角度考虑问题。

3. 区域化空间，全方位覆盖

现在我们发现，云平台之所以有更好的实用性和覆盖面，是因为它打破了常规的、传统的、以场馆与设施作为供给方的地界，带来区域化的空间。区域化的空间更大限度地突破了某一市、某一县的几馆集合，它可能跳出城市、跳出城乡的二元分立，在更宽的空间领域内、在发展区域大格局中，考虑全方位提供公共文化服务的可能性。

举例讲，长三角一体化战略、大湾区的发展战略以及京津冀协同发展战略，这些跨省跨区域的战略发展，对于区域内的资源的调配是一体化的，倾向于做出更好的、全方位的融合发展。所以这也给供给侧改革带来了一些新观察视角和思路。长三角地区在公共文化体系服务联盟里提出的一卡通、一站通、一网通，从某种程度上确实是在推进公共文化服务供给侧改革迈出的具有实际创新意义的步伐和举措。

4. 结构性优化，全要素配置

全领域、全环节、全方位的探索背后，都要落到供给策改革结构性优化上，来实现全要素的配置。在结构方面，资金、人员、组织、机构、运行、管理这些全要素配置，对于供给侧的改革是至关重要的。供给侧改革不完全是机构的事，而是由政府担首责。政府要在顶层设计、政策工具、政策体系上出台、研发、制定一系列有利于推动供给侧改革的政策体系。这种政策体系，涵盖了高质量发展五个核心领域对政策体系的诉求。比如，对于社会组织参与的激励引导政策体系，对于数字技术应用的鼓励激励政策体系，对于优质供给的绩效评估政策体系等，让老百姓的满意度、使用效果成为政策制定的重要参考要素。这些结构性要素的优化非常现实，对于前三个领域既是落地，也是在顶层设计中给予回应的一个方面。

（三）公共文化服务的政策体系优化

假如服务平台融合了多场馆、多领域、全要素，体系向平台升级和转化之后，就要基于用户需求来打造和完善。用户需求在整合多方资源时，就会激活供给方，比如，自产自销是文化场馆自身的优质供给，来自社会参与、政府采购以及多方面的服务方、供应商，可以按层级垂直化、分层级整合供给。将这些供应方整合到服务平台里面会出现四种服务。

从空间领域角度来看，一个是跨界服务，多场馆可以联合设置跨界服务。比如，一个城市所有的市一级的文化场馆，在制定年度计划时，有没有互相沟通，有没有统筹到一个平台运行，在供给层面做一些资源的合并、共享和共建？而不是各自做自己的年度计划。跨界服务推动不同公共文化服务领域和品类产品之间的融合。另一个就是跨地服务，今天人们的流动和区域化的发展，包括数字服务平台建设，都使跨地服务变成可能。跨地服务对应着在地和在线两种服务。这样的服务平台以用户需求为导向、具有便于用户使用和搜索的功能，平台功能体现了集纳、包容、兼容，打破了地域、场馆、机构的传统门户，更重要的是体现了一种扁平化的架构，有利于资源流动、有利于资金流动、有利于创意和组织流动，这些流动性带来了公共文化服务的生机活力。

所以，推动公共文化服务调结构的“体系 + 平台”优化升级，最终走向的并不是通过政策手段将机构固化下来，更重要的是让机构的单一功能和多机构的丰富功能之间，产生共鸣和碰撞，以此来产生体系的活力和发展的竞争力。

三、补短板，推动公共文化服务“专业 + 社会”协同关联

社会化是公共文化供给侧改革最为突出、最引人注目的一个短板。如果说调结构更多地出现在制度层面，那么社会化合作则体现了公共文化服务体系建设的开放性和包容性。《中华人民共和国公共文化服务保障法》

明确提出国家鼓励和支持公民、法人和其他组织参与公共文化服务。在“十一五”规划初期，确立公共文化服务发展基本原则的时候，就提出了鼓励全社会参与。在地方探索和实践中，全社会参与也带来了一些问题：第一，公益性定位如何来把握；第二，对于合作的社会组织如何来评价。

（一）公共文化机构对于社会组织和社会化合作所提出的问题

一是社会力量参与渠道比较少，能够面向社会组织和社会力量开放的内容，在很多方面存在着一定制约和局限。

二是社会组织发育程度比较低，这是一个大的外部环境。能够以公益性的定位参与公共文化服务体系建设，能够在资源运营管理、产品设计等各个方面与公共文化机构进行良性合作的社会化组织数量、质量和服务效能发育程度低。

三是社会化合作的机制比较单一。政府的采购只是一种方式，很多地方的社会化只是将社会力量作为供应商、供应方参与到体系中，而在运营管理层面上，社会力量能不能比较深入、广泛地参与公共文化服务，还是需要解决的难题。

四是激励保障政策不足，这与公共文化发展中以我为主、以公共文化机构为主的发展建设思路相关。越来越多的学界和业界人士认为，专业机构和社会机构两相合作、两轮驱动、两翼齐飞，事业和产业融合发展，才能实现更好的发展的动能。

五是社会组织专业水准不高，服务效能不明显。有一种观点认为，公共文化机构应该是专业性机构，社会性组织往往代表着非专业。这样的一种认知不能说是片面的，但它确确实实影响着我们对公共文化服务的判断。在质疑社会组织能否很好地参与、承担公共文化服务的背后，反映的是我们对于专业的人跟社会的人到底如何合作还没有形成共识。这是专业和社会的相对论——社会组织的专业性不足，公共文化机构是专业推进全民阅读、全民艺术普及的。如果从另外一个角度来看，公共文化机构的专业性，某种程度上也是一种社会性的表达。比如，文化馆在全民艺术普及、艺术培训、艺术技能辅导方面，与专业的艺术教育机构和专业院团比起来，显得又是社会化的，或许是业余的。与高校研究机构、教育机构相比，图书馆的研究功能、知识分享和知识传播未必又是最权威的。所以专业性与社会性本身是一个相对论，需要从相对论走向协同论，社会组织和公共文化机构应趋于一种“共同治理”的观念来共同参与公共文化服务。

公共文化机构应该和社会组织在资源采购、产品加工、服务拓展、运营服务等全领域、全环节、全要素、全方位形成一个协同关联机制。这种机制可以突破和克服面向社会服务的稳定性、真实性和局限性。公共文化服务有了社会化的助力，它就不仅仅是补充，也有可能形成新的景观。不可否认的是，公共文化作为一个公共领域，作为文化中的公共领域，作为社会的公共领域，它某种程度上是不具备垄断性的，它可以有广泛的社会参与，甚至是产业进入。比如，在疫情期间，有相当多的社会组织在进行知识普及、艺术普及。我们要反思，要更深入地观察社会组织，引导它来与我们进行合作。

（二）“专业 + 社会”双向机制

如果说引入社会力量参与，带来了更多元的服务方式，激发了面对社会主体多元群体的需求，那么在供给侧改革中，社会化机制引入的需求度更大。“专业 + 社会”双向建构机制，并不意味着公共文化机构永远是甲方。在面对一些新兴领域时，在新的服务方式和新的服务产品打造过程中，面对来自市场化的创新观念、来自市场化的创意产品，公共文化机构为什么不能成为乙方？

（三）文化机构和社会组织的关联机制

对于一个文化机构而言，关联机制意味着与社会组织通过平台的共建共享，通过资源的开发和多维的运营实现平台的公开、透明和开放。为使社会组织更好地进入公共文化服务体系，需要在供给侧的制度设计层面完成培育机制、创新机制、评估机制和保障机制等一系列制度建设，这是关联机制层面需要完成的主要使命。另外，在区域内机构和区域性平台之间要形成协同。很多地方在建设公共数字服务平台的时候都是单独建设，没有做到一站式，即使是一省一市有各自的平台，那如何实现全国一张网、全国一个平台，国家公共文化云如果能够更好地和社会的云平台、云服务对接？实际上这又将是一个更大层面的关联和协同机制问题。

抖音是大家非常熟悉、普遍使用的短视频平台，抖音以短视频服务，在艺术普及和全民美育方面做了相当多的工作。在戏曲艺术传播方面，“谁说戏曲不抖音”挑战赛短视频播放量超过了7.4亿；阐释变脸技艺的流行歌《说唱脸谱》超过98.6万人使用；话题#我“变脸”比翻书还快#，相关视频播放量超过60亿；话题#我要笑出“国粹范”#总播放量将近26亿。这一体量说明什么？诗书意画、传统工艺、戏剧戏曲、武术功夫、古风民乐等是文化馆最常见的一些艺术普及和艺术技能培训，仅因为抖音是商业性平台，所以就可以实现这样的一个广泛的流量吗？我想应该还不完全是这样。抖音给我们更重要的启迪是，社会化的合作平台、商业化的平台可能拥有更加灵活的创意思维，能够更好地锁定用户。

抖音以需求为导向，形成了有效的服务链条和销售链条，这对公共文化服务提供了很好的借鉴。引入社会组织的产品只是一种初级的合作，更重要的是，与社会力量合作能够为我们带来新的机制。所以，在全国公共文化社会化补短板的过程中，社会组织到场馆里提供服务，这种引入方式在未来有巨大的发展空间。社会组织力量也未必要在文化机构的一亩三分地里占据有形空间，但是社会化合作中的市场化思维、培育用户的思维，对于我们社会化合作、专业与社会协同方面是有价值的。

作为公共文化服务主流平台，打造的是主流内容。但目前，我们更多地服务于银发人群和垂髫人群，还远远没有实现对社会主流人群的有效覆盖。像抖音、快手这样的商业性短视频平台，之所以能实现更好的传播效果，我认为，这主要是因为它们实现了对主流人群的覆盖和影响。有调查显示，现在抖音的全国用户规模有6.2亿，快手的全国用户规模有2亿多，两家合计用户规模达8亿多。这些用户80%来自城乡工薪阶层，而且年龄阶段在20岁到49岁，这些人恰恰是社会主流人群。我们不能仅仅担心和忧虑短视频平台的竞争性影响，还应该从更积极的角度看待它们在艺术普及、全民美育、优秀文化传承等方面的介入、助力，乃至于创意性开发对于我们公共文化服务的价值。与此同时，互联网企业供应新型社会文化产品的时候，发现来自公共文化领域内的产品更有价值感，更容易获得社会、政府和行业的认同，对于他们来讲，这也是一种高性价比的商业计划；而对于我们来讲，基于公共的价值定位，可以和他们进行合作商业开发。主流的平台未必由我们所独享，如果能够用开放的思维，联手广泛的社会组织，来打造更加富有效能的主流平台，它在补短板，实现“专业+社会”的协同发展方面，应该会出现中国特色的创新机制。

另外补充一点，现在对于全民艺术普及和全民美育等方面的内容开拓，某种程度上还处在比较浅显的状态。我们的专业性，某种程度上还停留在传统的告知、技能教授和知识分享层面，没有提升到更广泛的专业性服务，也就是没有更多地给予文化体验。在疫情期间，在抖音和快手短视频平台上释放出了全民才艺展示创意，说明我们在激发老百姓、服务人群的自我创造、自我表达、自我实现方面的机制和手段还比较的传统。反过来也说明，供给侧改革不仅要绞尽脑汁想为大家服务，同时也要基于用户需要，从这个时代普通人在日常生活中的所知所感来进行创意，让我们的文化服务更多像生活的必需品，而不是生活的奢侈品，甚至是某些人的特供品。这其中涉及供给思维和结构性思维的变化。

四、促创新，推动公共文化服务“在线+在地”融合发展

公共文化服务供给侧改革要聚焦创新，尤其是公共数字文化发展的创

新。技术和网络给创新带来了可能，互联网最大的价值就在于平台和交换，这些年各地在公共数字文化的数字供给和数字服务平台的打造方面投入了较大精力，效果怎么样？现在来看，在疫情期间云上服务开始了，但在疫情之前，各个平台主要推送的内容是场馆预约、在线抢票、信息查询等，我把它概括为线上服务的单一性，线上服务的单一性背后也折射出数字服务平台功能的单一性，功能单一性进而也导致线上服务用户的单一性。

这种单一性与线下服务人群的单一性也是相匹配、相吻合的，这使我们思考一个问题，在公共数字文化的创新发展中，阵地服务的常态化和线上服务的非常态化，是不是一个普遍存在的现象？我们更多依赖于阵地和场馆服务，而线上更多扮演了宣传窗口、信息推送平台窗口的角色，这不仅导致公共数字文化服务的单一性，而且还导致了线上服务与线下服务的割裂感，以在地服务为里、为实，在线服务为表、为虚，表里之间、虚实之间的合作，某种程度上还是存在很大的割裂性。

（一）供给侧结构改革和服务侧模式创新

一些地方探索出了数字体验馆和数字服务平台。但是，纵观全国公共文化服务，在数字方面还存在网感比较弱的问题。在契合互联网技术应用平台建设和用户服务方面，用户思维、产品思维、创意思维这三种思维的薄弱，导致服务平台网感弱。网感弱带来的问题是，用户同时在使用多种手机 APP 进行横向比较时，以我们的竞争力和服务的对象感、精准度很难获得良好的用户满意度。这就意味着要转变阵地服务的常态，要敢于从常态化的发展向非常态的、创意型的供给方式探索，线上服务要改变以往的非常态方式，要逐渐甚至尽快地实现常态化。如果说阵地服务的非常态指向了创新和突破，线上服务的常态化则更多指向了供给的内容、提供的产品、推送的服务，这种常态化供给具有伴随性、全天候的特点和对象化的属性。

移动互联网、5G 技术应用、大数据和人工智能正在改变和积极培育着新型的网络用户行为习惯。在这次疫情期间，很多在一线工作的同人们也都注意到，由于疫情防控需要，线下场馆不得不封闭，原来的阵地服务不得不停止，而取而代之的是线上推送。线上推送甚至还出现了一些令人意想不到的情景，有一些地方推出的慕课竟然产生了很好的效应，一些地方推送的信息也得到了用户积极的回馈。

这些线上产品涉及云上的博物馆、图书馆、文艺欣赏等，它不仅说明在防控疫情的阶段内，禁足在家里的人们可能有较多的时间来思考、判断和接触公共文化服务产品，而且也形成了对于已有人群的培育和非目标用户人群的注意力迁移。由于线下服务的中断和线上服务的替代性供给，老龄群体在这段时间也在积极使用线上平台，接触、了解公共文化服务，保持参与公共文化服务的热情。这是一个培育已有用户行为习惯的好时机。以往，很多地方的数字平台建设者普遍感觉平台推送的到达率不高，有的时候到达率够了，使用率又不高，乃至使用率有了，满意度又不高。这说明尽管已有用户较多依赖实地、依赖线下，但由于疫情的原因，越来越多的用户开始尝试接触和使用线上服务。

另外一方面，非目标群体也更多地关注到公共文化的数字产品平台。这次疫情给我们带来了转变、转机，即线下服务的非常态、线上服务的常态化将会在未来变成主潮流，需要不断创新线上、线下服务方式。

（二）技术赋能、文化赋能、价值赋能

推动在线和在地服务的融合发展，要充分处理好服务维度层面的内容和载体的关系。

第一，技术赋能。公共文化机构和公共文化服务所应用的技术阶段、水平、场景，明显滞后于现在商业化平台的运用。由于之前公共文化服务更多是建橱窗、建平台实现展示功能，在大数据、人工智能、区块链等各个方面的新型技术应用较少，这就造成公共文化服务领域内文化和科技的融合等关键性技术是缺失的。在六部委联合发布《关于推进文化和科技深

度融合的指导意见》中，这一点也作为重要的内容被提炼出来。在技术层面的供给侧改革和供给侧层面的技术革新，是一个问题的两个方面，一个现实的两种需求，我想这可能是对技术赋能和技术革新应用的一个需求。

第二，文化赋能。技术赋能解决了互联网思维的均等共享，用户思维解决的是服务层面的精准对接，产品思维更好地提升了公共文化服务的效能，供给侧改革和服务模式的创新就实现了对接。但这种对接只表现在技术层面上，在生产维度中，它具备了一种可能性，而真正让服务“活”起来，不仅因为是公共，不仅因为是服务，更重要的它是有文化的含量在里面，就是文化的赋能。

我写了一篇文章，发表在 3 月 24 日的《人民日报》上，就短视频的文化赋能进行了研究和判断，我所提出的文化赋能，就是通过技术的赋能，将文化的发展素养、知识、技能、格调，包括氛围的营造，注入公共文化服务中间，推送到人群里面。

推动公共文化服务在线和在地融合发展的创新中，我提出了三种赋能相互关系。技术赋能方面，公共文化更多地体现服务效能，服务效能体现的智慧性服务，智能性的业态要在供给侧改革中作为重要的任务来提出并且加以推进，推进目的是在效能层面实现精准对接。精准对接可以让供需产生适用性，而不仅是匹配。如果商业性的平台更多提供的是好玩和好看，我们则不仅是好玩和好看，还要好用。好用的背后是进一步将公共文化服务提升民族素养、提升用户素养的诉求落在实处。社会和专业的协同一定要做平台的互联互通，公共数字平台和社会性服务平台之间的互联互通，不同场馆之间、不同数字平台之间的互联互通，做好深度的融合，这是在技术赋能层面以融合的思维，以创新的思维实现的智慧化和智能化。

在文化赋能层面中要考虑到地域性。每一个不同层级的文化场馆都有其地域性，有独特的地域文化和相对有差异性的地区文化，从政府期待、从意识形态安全责任制落实的需要来看，优秀文化的传承和区域文化的振兴是题中之意，但是这两个题中之意，是不是有时会被公共文化机构变成了一种宣传的腔调、语调，而没有变成一种文化的格调？

前面举例的抖音、快手等，他们在打造区域特色文化，包括优秀传统文化传承方面所表现的作为，令我们感到惊讶。举例说，在非遗文化传承和传播方面，抖音平台上有1200多项国家级非遗，以及各种各样的地方性非遗，都通过鲜活的方式呈现出来，做到了很好的在地化。在文化传播过程中，它把艺术普及和知识分享做到了有趣的呈现。这也会给我们一些启示，怎么把来自于国家的需要、来自于政府的需要，和来自于老百姓了解文化、走进文化、参与文化、表达文化的时代性需求结合起来？通过技术的平台，通过有创意的文化产品实现出来，这就实现了文化的赋能。

第三，价值赋能。技术赋能和文化赋能最终还要走向价值赋能。价值赋能我把它概括为“在场”，如果说在线和在地实现了技术和文化两端，那么供给侧一定要强调存在感，一定要强调产品的在场性，这对于公共文化场馆和服务来讲至关重要。如果在线和在地没有在场性，没有体验感，可能这样容易做成仪式性。仪式性当然也很重要，但对于公共文化服务来讲，日常化非常重要。现在很多文化设施变成了地方的文化地标，空间上具有很强的仪式感，但仪式感是否能作为公共文化服务日常供给、广泛供给、优质供给、均等供给的一个重要支撑？我觉得仅能作为一个支撑！均等化的供给能够让老百姓有获得感和幸福感，是在于它不仅是实体文化场馆带给我们的体验空间的在场感，而且是让老百姓在家、在任何地方，在行动的路途中间、在山山水水的各个角落里有可能能够通过技术的手段进入到服务平台上来。到那时，文化服务的伴随性、沉浸感，就容易让老百姓产生获得感，而这恰恰也是先我们一步进行市场化探索的商业性平台给我们的启示。

举例讲，在疫情的发展期间，中国文联和中国文艺志愿者协会联合抖音，开展了一项“文艺进万家　健康你我他”文艺志愿活动，主要是邀请艺术家来进行抖音直播，包括一些图文发布。这里我们做了一个统计，2月15日到3月6日，有573位艺术家通过抖音进行直播教学，直播场次达到2100多场，累计播出时长2000多个小时，观看人数达到861万以上，短视频1.6万个，总播放量超过2.9亿。他们的直播课程大多与公共文化服务密切相关，相当多都是公益性产品。

在公共文化服务供给侧改革中，在地服务的非常态化变成一种创意景观，如很多地方推出的创客空间、众筹、众创，都是非常好的探索。另外，在线服务平台非常好地应用了互联网思维、用户思维和产品思维，超越了传统的“资源就等于是服务，资源就等于是产品，场馆就等于是平台，平台就等于功能发挥”的思维屏障。很多的创新机制可能需要来源于体系内部的自我创新，比如说，结构化的调整来源于内外结合，我们专业与社会的协同也来源于在地和在线两个不同服务方式、不同服务空间之间的融合。我想，这些可能要一起来共同创造新的机制，进而上升为制度层面可以落地的政策。

在线互动交流

主持人：杨乘虎老师录播的课程结束了，我们已经把杨老师请到了网络直播间。

杨老师，您好！供给侧改革是推动公共文化体制改革的重要环节。今天您的授课，分析了当前公共文化服务供给侧改革的新环境，在调结构、补短板、促创新三个方面提出了几个重要观点和方法路径，我们深受启发。

因为时间原因，我从前期的主题征集、网友的互动区留言中选了几个问题，请您在线解答。在前期征集论题时，有馆员留言提出这样一个问题：当前，公共文化服务的社会化发展应有哪些政策支撑？您在授课中，分析了公共文化供给侧改革的新环境之一，十九届四中全会以来进一步强调“国家治理体系的现代化”，包括效能导向、功能发挥、政策工具等。那么，您可否应网友的要求，进一步详解一下，公共文化服务的社会化发展应有哪些政策支撑？

杨乘虎：社会化政策支持，是公共文化领域供给侧改革中非常重要的问题，是顶层设计层面极为迫切的一项工作。因为如果政令不畅，其体系建设的道路是道阻且长的。

目前在国家层面有两个标志性的政策。第一，2015 年国务院办公厅转发原文化部、财政部、新闻出版广电总局、体育总局四部委发布的《关于做好政府向社会力量购买公共文化服务工作的意见》，意见中对于政府如何同社会进行合作，包括公共文化机构作为执行机构，如何进行有效的社会合作，提出了基本原则、大的方向以及发展目标，非常清晰地做出了一个政策性框架。之所以说它是政策性框架，因为这是从国家层面定原则、定方向、定目标、定路径，具体到说法、做法和想法，则需要各地来落实。它在目标中非常明确地提出了发展诉求，即：建立一个政府向社会购买的公共文化服务体系，强调资源配置的机制和供给机制，营造社会力量广泛参与公共文化服务的浓厚的社会氛围。从今天的角度来看，如此表达目标的配置机制和供给机制，还是准确的。但是对于氛围的营造，显然它又偏向于软性，而非刚性的诉求了。第二，2018 年，文化和旅游部、财政部两部委出台《关于在文化领域推广政府和社会资本合作模式的指导意见》，这也就是经常在学界和业界探索的 PPP 模式。但是从 2018 年至今，我们并没有在各地看到 PPP 模式，包括政府和资本模式普遍实践运行的成效，这就说明社会化的工作其实是比较难的。从政策层面上看，我们不能寄希望于国家层面再出台精细化政策，而应更多的寄希望于地方，还有基层的文化场馆所依托的同级行政机构，来出台相应的针对性政策。

我把针对性政策概括为三种。

第一就是目标性政策。从一地一馆的角度来讲，地方政府向社会购买，不仅要列出采购目录，而且更应确认社会化在本地什么时间周期内要达到什么样的规模和效果以及服务效能等，这个目标性政策是地方可以制定的。

第二就是激励性政策。现在比较迫切的如企业税收优惠政策，利用金融工具来调整他们从其他领域、文化领域中的其他范畴，进入公共文化服务供给的有关政策。如科技应用和创新扶持政策，因为在公共文化从线下走到线上的过程中，公共文化场馆和机构普遍感到比较困难、投资规模较大、对于体系建设又很重要的是科技性一站式应用和服务平台。新科技的应用是需要较高投入的，而这些关键性技术、核心的生产力往往是掌握在市场和企业的手里。在这个时候，公共文化机构和政府如何与科技型企业进行合作，我想是需要一些激励政策的。

第三就是保障性政策。保障性政策就是要保证社会化参与公共文化服务变成常态化。常态化可能需要什么？一是完善和健全流程监管方面的相关管理制度。我们在政府采购上现在有一套完整的机制，但在文化领域，比如基层文化馆、博物馆、图书馆存在较多的小额采购，这些采购又具有文化属性和特点，因此在目前监管流程中，需有一些针对性的制度建设。二是为社会组织的培育、规范、管理和引导提供有针对性的政策保障。三是对志愿者等社会力量进行培训，将其纳入培训体系。四是要建立有效的监管制度、评估制度。

综上所述，我认为目标性政策、激励性政策和保障性政策，在未来的制度设计里面，应该优先在社会化这个层面加以探索和实践。

主持人：您讲到，供给侧改革最关键是调结构，基层群众对公共文化的需要又是全领域、全方位、全要素、全环节的。有网友留言问，站在文化馆的角度，如何与图书馆、博物馆、美术馆等公共文化机构实现跨行业、跨服务的融合发展？

这是个很现实的问题。我也经常听从业人员说，一个地方的文（化馆)、图(书馆)两馆独立化发展是常态。那么，如何建立开放性、包容性更强的体系化服务来打破独立化、割裂的发展格局?想请您提提建议，杨老师。

杨乘虎：这确实是现实层面的突出问题。我相信很多文化馆的从业人员，包括其他文化机构的从业人员都有感受。面对广泛的社会服务、公众需求，我们的文化场馆是背靠背，还是手拉手?在历史发展及现实中间，我们常常是背靠背的。不同的文化场馆与机构非常强调自身的独特属性以及服务的独特内容。因为其独特，所以我们有存在感，在我们的政府序列里，在政策的视野中，只有独特才能够有存在感，才能得到更好的政策支持和资金支持。但是未来对于供给侧改革，一方面要与社会机构进行广泛的合作，但与此同时我们恰恰可能忽略一些事，我们最好的合作伙伴有可能正是我们身边的队友。我认为迫切需要确认馆际之间联合开展服务的可行性和必要性。

从可行性的角度来看，一方面，越来越多的地方新建、升级改造的文化设施基本上都是文化综合体，文化综合体、综合服务这样的文化圈概念，正在形成或者已经广泛形成。从空间布局、设施便利性的角度来看，联合开展服务有利于更好地服务老百姓，也符合老百姓便利性、一站式参与服务的需求。另一方面，现在的数字文化服务平台本身就是一体化的，文图博美各个场馆都要进入到这个平台里来。虽然有各自的数字终端，但是在一站式平台上，有没有让我们的服务增加更高的效能?有可能，因为它会带来联动效应，这就是我们常说的“抬轿子”效应。因为这个平台上出现了相同类型的多元产品，它会激发消费者、老百姓的参与感，这是数字化平台在内容上的兼容并包。我们服务的发生端可能是不同的，但是到了终端就是综合性的，所以从数字服务角度来讲，联合融合发展，也是具有可行性的。

再有，文图机构内容服务的接近性是存在的。比如，知识分享、艺术鉴赏在很多方面具有相近性、相容性、相通性。所以在这个层面的加强合作上，我的总体建议是：共享资源、共建平台、共创服务、共赢未来。“共”字是融合发展最大的前提，这里面可以给出几个具体的建议：

一是局部内容引入。举例讲，双方可以互相引入一些服务资源和内容、项目和产品，图书馆提供艺术鉴赏方面的相关资源和内容，比如设置视听室，开展一些与文化馆直接相关联的服务内容。这些服务在图书馆里也普遍受到了欢迎，不但没有干扰和分散图书馆的主营业务和主流人群，反而起到了锦上添花的作用。对于文化馆来讲，它开展相关的图书阅览和阅读指导服务，也并不是一个不被用户接受的行为。这就是局部性的嵌入、资源的引入，如在图书馆里能看到文化馆的活动信息介绍，在文化馆里能看到图书馆的新书推荐，图书馆、文化馆彼此互相宣传和推介，实现局部资源和服务的相互借力。

二是打组合拳，联手推出、设计一些项目。举例来说，文化馆和图书馆里面的讲座、展览、培训，包括一些数字化的课程设计，其实都可以形成这样的一个合力。因为在很多地方，文图两馆就在一起共用一个空间，你有你的讲座，我有我的讲座，大家只是轮流登台来办讲座。我们也无法把人群区分为他是文化馆的用户，还是图书馆的读者，其实我们面对的都是市民。所以共用设施空间，共同开展一些活动，往往可以形成很好的联合效应。

三是更高的联合效应，文化馆、图书馆在制定年度计划的时候，你有你的一本账，你有你的一个总体的规划，那么哪些资源是可以借力的？哪些资源大家可以省下来投入到其他一些新创项目里？省下来的这些资源和资金往往就是可以共享的。共享的资源一方面拓宽了我们的渠道，另外一方面扩大了我们的平台，更重要的是使得我们的服务可以覆盖更多的人群。所以我认为开展主题化的合作，甚至是年度性的合作更有空间。如果一个市民拿到当年度的公共服务清单，有在多个场馆里面都可以参与的这种共同主题服务，那么他会觉得这是代表城市文化生产力和繁荣很重要的一个标志，说明这个城市的文化设施和基地变成了一个真正的联合体，真正的一条流动的公共文化服务的线路。无论群众流动在哪个场馆，都可以接触到一个共同主题型的年度活动。所以，在保持自身特色，搭建共享、共建、共创和共赢这样的格局中，我们文化场馆需要放下一些成见，用更开放的眼光看对手，将对手变成队友。政府应更具包容心，比如原来是分类管理、分别投入，现在在哪些领域内，可以统一管理、统一投入？从项目制管理的角度来讲，优化投入方式和管理方式，也会调动文化场馆更好地执行。比如绩效评估方面，很多场馆觉得这个项目给了别的机构，我的绩效可能就没了，这个时候就需要在顶层设计里对绩效评估做出相应的融合、包容的设计，这是我的基本判断和建议。

主持人：我也特别希望文图博美几大场馆都积极地敞开大门，正如刚才杨老师说的“拉起手来，成为彼此的‘神’队友”。由于时间的关系，最后一个问题是，对于市场化程度不高的中西部地区，文化馆该如何迈出社会化的这一步？

杨乘虎：这个问题对于中西部地区来讲比较尖锐，可能在理论层面能论述很多，也论证了很好的社会化模式及路径，但是到了中西部地区如何落地，就成了一个很明显的问题，这个现实问题我想它来源于以下几种担忧：第一，从机构的角度来讲，可供中西部地区选择的社会组织数量较少。第二，在机制层面，如何进行有效的合作？这一点在中西部地区也是普遍缺乏的。第三，我想很多我们场馆的从业人员，包括领军人都会担心，外部的合作进来了，会不会冲击我们的公益性定位？我们保基本的服务职能会不会丢失？因为要守土有责，我觉得这几种担忧和考虑非常现实，也具有一定的合理性。

我觉得，第一个层面上，区域差异是不可回避的，东部、中部、西部不同的地区在区域经济发展与社会发展水平上存在差异；第二个层面上，主要是一些观念的阻隔。不可否认，我们存在一些对于社会化认知保守甚至于质疑的观念阻隔。第三个层面上，在我们政策机制层面里，比如合作机制，针对地方性的引导社会参与的一些政策方面是不够的。这就是政策乏力。

通过对问题的分析，我想不论是东部发达地区，还是西部、中西部欠发达地区，社会合作有一个非常重要的前提，就是合作双方都要有利可图，我们不能回避这个社会化参与的初心和动力。如果无利可图，参与者作为一个要不断运营的机构，如何来持续化？如果是“慈善般的景观式参与”，之后就不见踪影，那么这不是我们所需要的社会化，我们的要求是实现常态化。政府主管部门和公共文化机构也要有利可图，政府要政绩，要符合执政为民的良好形象，公共文化机构要能够提升效能，能够树立公共服务主阵地的美好形象，这也是一种诉求。

面对这种诉求，我的对策和建议：一是培育氛围。文化志愿者队伍利用行动和口碑，把公共文化服务的价值观念、方法和需求传播出去，培育全社会参与、关注、共同建设公共文化服务的良好氛围。二是培育组织。优先引导性地转型和培育与公共文化服务相近的社会组织和企业作为公共文化服务的参与者。三是搭建平台。面对在未来能看到适合于第三产业发展的微小企业，搭建一个原生性的扶持和培育平台，通过新观念的导入，使他们变成我们的原生力量。

此外，中西部地区的政府和主管部门，还要对前面提到的目标性政策、激励性政策、保障性政策做出一些探索，做出一些尝试和制度设计的成果。

中西部地区往往是公共文化服务的薄弱地带，但同时也是公共文化服务保基本、保均等化的重要地区。我们今天要充分利用远程、远景的扶持和介入方式。东部地区的对口援助、东部地区的社会组织，他们可能会形成一种跨区域的联盟行为，这种联盟行为就是“大船拉小船、火车头带动”。培育和引导东部地区发达的社会组织进入中西部地区，这也是一条可行性路线。

主持人结束语

协会首次尝试通过网络直录播的方式举办这次开放式的讨论，受关注度超出了我们的预期。上周的两场讨论，直播加上回看，平均每场有 20 万人次点击收看。我们看到，在互动区打卡的有来自各级文化厅（局）、文化馆、图书馆，甚至文化站的同人。我代表协会感谢大家的关注与支持，这是对我们工作的莫大鼓励。

有很多没来得及看直播的网友留言咨询如何“补课”，或者如何复习和巩固往期的课程。一般情况，我们会在每讲直播结束后，尽快将视频发布到国家公共文化云“文化馆事业发展的思考与讨论”专栏中，也会整理并发布每讲的“主讲内容”以及“交流讨论”要点。

另外，也有很多文化馆、研究机构甚至自媒体对节目的相关内容感兴趣，我们欢迎大家的转发。因为将专家和同人的智慧共享给大家，更好地助力行业发展，就是我们举办这次讨论的初衷。为了尊重和保护相关知识产权，请在转载时，标明信息来源。

感谢大家的理解与支持！今天的思考与讨论就到这里。让我们再次感谢杨老师的精彩授课！

网友留言精选

1. 通过学习，进一步了解新时期文化馆的职能职责，拓展了文化馆事业发展和创新的思路。

2. 对于市场化程度不高的中西部地区，文化馆如何迈出社会化这一步？

3. 站在文化馆的角度，如何与图书馆、博物馆、美术馆等文化机构实现跨行业、跨服务地融合发展？

4. 公共文化服务就是要规避排他性，要共建共享。

5. 感谢杨老师的精彩授课，很受启发，对公共文化服务有了更深层次的了解，讲座让我们加深了对事业未来发展的思考。

讲座与互动视频二维码

第四讲

对数字文化服务的几点思考

——以张家港市文化馆为例

主讲人简介

李立群，江苏省苏州市张家港市文化馆馆长、党支部书记，张家港市文化遗产研究保护中心主任，研究馆员，文化馆发展研究院学术委员会委员。曾作为主要执行人完成国家文化创新工程重点项目“公共文化服务网格化模式创新与示范”“县域文化馆总分馆体系探索与示范”，文化和旅游部行业标准化研究项目《文化馆总分馆建设标准指标体系研究》，以及全国文化系统老年大学规范化建设试点项目。2019 年其辅导的小品《生日聚会》荣获第十八届“群星奖”。

主持人开场词

改革创新，群策群力，共谋发展！

文化馆站的各位同人、各位网友：

欢迎收看由中国文化馆协会主办、国家公共文化云技术支持的“文化馆事业发展的思考与讨论”直播第四讲。我是本次讨论的主持人——中国文化馆协会秘书长赵保颖。

今天，我们请到的主讲嘉宾是张家港市文化馆馆长、党支部书记，张家港市文化遗产研究保护中心主任李立群。李馆长是一位名副其实的、战斗在群文一线的基层馆长。他带领的张家港市文化馆，在2016年中国文化馆年会上，被授予全国优秀文化馆称号。这些年，在公共文化服务方面，他们从网格化到总分馆，从数字文化馆到老年大学规范化建设，都做了很多积极的探索和实践。2019年，由李馆长指导的小品《生日聚会》还荣获了第十八届“群星奖”。今天李馆长给大家带来的思考与讨论主题是“对文化馆数字文化服务的几点思考——以张家港市文化馆为例”。

主讲人授课过程中，大家可以通过播出界面的互动区留言、提问。课后，李馆长将在线，为大家答疑解惑。为了巩固疫情防控成果，也提醒大家，尽量避免聚集性观看。

“文化馆事业发展的思考与讨论”第四讲现在开始。

讲稿精粹

张家港市文化馆数字文化馆建设起步较早，2014年是作为“政府实事工程”来实施建设的，由三部分构成：线下、线上和掌上。“线上”和“掌上”分别是门户网站改版升级和微信服务号功能开发；那么“线下”就是现在我要带大家看的实体体验馆。

我们先来看看舞蹈教学体验区，市民可以在教学系统中学习掌握各种舞蹈，并通过AR同步技术形象生动地学习多种舞蹈基本技巧；同时还可以把体验区当作标准舞蹈房来进行培训学习和团队排练。舞蹈教学体验区的教学系统设置了三大版块：一是“文化强国舞起来”，主要是“学习强国”“精彩江苏”里的舞蹈教学视频；二是“幸福港城跳起来”，主要是本土原创特色广场舞教学慕课视频；三是“AR体验动起来”，主要是互动教学体验。

定制服务中心是一个多功能区，这台像打开的书本的数字有声一体机是文化馆的电子阅览室，可以试听、下载有声读物，同时这个区域还是我们和访客一起商讨他们活动定制方案的交流场所，这台平板电脑里面，存储了文化馆曾经策划、辅导开展过的“快闪”“村晚”等大量群众性活动的视频资料。

接下来我们前往互动学习体验区。在2015年中国文化馆年会上，该体验项目作为13个入选项目之一，亮相全国文化创新成果展，受到了与会同行和重庆市民的青睐。这边的蓝箱其实是一个虚拟演播室，市民可以选择拍摄虚拟场景照片，或选用智能录播系统，系统会利用抠像原理生成一张身临其境的照片或者一段视频，体验者可以通过使用微信扫码即时获取照片或视频，可以自己收藏或分享到朋友圈。2019年我们还在这个体验区推出了“领读习语，光芒在心”活动，有不少基层党支部还组织党员来到体验区，通过录制“领读习语”小视频的方式，举行特殊的党日活动。

再来看看这边的摄影教学体验区。摄影爱好者在这个区域可通过互动触摸屏里的教程了解摄影知识，还可以取下面前的单反相机，跟着教程老师的示范学习单反相机的使用技巧，例如在不同光线条件了解静态画面以及动态捕捉等各种摄影技巧。

再过来就是音乐教学体验区里，这儿也是一个简易的录音棚。我们可以通过触摸屏赏析和学唱中外各类经典歌曲，还可以通过乐队体验模块，学习使用电子吉他、架子鼓等乐器及混音设备，打造自己的乐队，并录制自己的单曲。

这也是书法教学体验区。这三张书法桌可以向不同书法基础的体验者提供名家五种书体的临习教程和名家名帖的临摹体验。通过这种书法体验，提高广大市民，尤其的青少年对书法的浓厚兴趣，引导他们喜爱和传承这项享誉世界的中华传统艺术。

实体数字文化体验馆我们今天就先看到这儿，接下来，我们就来聊聊“文化馆数字文化服务”这个话题。大家都知道，要做好数字文化服务，服务平台至关重要。张家港市文化馆在数字化建设之初，我们选择了三个平台：线下、线上、掌上三块。“线下”的实体体验馆，刚才我们已经实地浏览了一遍，“线上”就是我们文化馆的门户网站，而“掌上”就是手机，这部分我们最为重视，因为它是最便于大家随身携带、灵活使用的一个平台。我们的体会有以下三个方面。

一、巧用第三方平台，让文化馆数字文化服务如虎添翼

迄今为止，“掌上”平台我们经历过两次选择。

第一次是 2014 年的政府实事工程——数字文化馆建设，当时“指尖文化馆”有两个建设方案：APP 软件和微信公众号。APP 软件提供的服务尽管方便、自由，但它投入大、推广难。独立开发一个普通的 APP 软件，不仅需要兼顾安卓、苹果（IOS）、微软等多个系统，而且需要不断更新、升级，一个 APP 的开发维护经费需要数十万元。APP 软件的下载、安装与使用，较为麻烦耗时，市民参与的积极性不高，难以大批量推广。微信公众号则不同，除了每年一次性缴纳 300 元的认证费之外，微信软件本身是完全免费的，使用自带的功能也都不再收取其他费用，使用微信时产生的上网流量费则由网络运营商收取，仅使用成本这一点就比 APP 软件更让人青

睐。因此，张家港市文化馆决定借助微信这一成熟稳定、性价比高的第三方软件平台，将文化服务拓展到移动互联网领域，助推数字文化服务。

从 2014 年 8 月通过微信公众号向市民推行“微服务”至今，微信平台在通过移动互联网向大众提供公共文化服务，让普通民众随时随地享受公共文化资源等方面，发挥了非常大的作用，也收到很好的社会效果。但随着互联网技术的高速发展，微信公众号也逐渐暴露出了自己的一些短板：功能单一，以信息传递为主，基本没有交互性，而且操作延时比较长，所以用户体验感比较差。因此，小程序的优势就突显出来，它以功能服务为主，不需要依托粉丝来运营，你只要打开微信，它就会推荐 5 公里以内的所有小程序；而且小程序基本上可以覆盖所有行业的需求，类型有外卖、企业展示、智慧门店、共享经济，等等，功能强大，交互性高，使用感强。用户体验接近原生 APP，无须下载安装，使用起来非常顺畅，所以用户流失率很低。

第二次选择是 2019 年年初，为了宣传推广和营销非遗传承人的手工制品和文创产品，我们尝试开发了一个微商型小程序“非遗集市”，在 2019 年 3 月份赏花季开幕式现场首次亮相就备受关注，小程序里近百件上架商品涉及十多个非遗技艺项目，通过小程序下单的非遗商品及文创产品远销北京、青岛、银川等地。2020 年年初，席卷全国的新冠疫情给我们的公共文化服务带来了一次严峻的考验。人民在哪里，服务就在哪里。面对突如其来的疫情，如何做到“闭馆不打烊”，数字文化服务模式彰显出独特的强大优势。有了“非遗集市”小程序设计开发的成功经验，张家港市文化馆数字化运行团队仅用两周时间的设计和调试，便正式上线服务型小程序“一城繁花”，由此开启了数字文化服务新模式。

“一城繁花”充分利用小程序操作便捷流畅、服务形式多样的特性，将文化馆各项工作职能全部集成到了十大版块中，突出文化服务功能。由于疫情不能外出聚集，这可憋坏了爱跳广场舞的阿姨们。针对这一情况，小程序特设了“慕课时间”版块，推出了文化馆早期摄制，由舞蹈编导创排的中国舞、地方秧歌、排舞、特色广播操等四大系列 20 多个舞蹈慕课教学视频，供广大广场舞爱好者居家线上学习、过瘾！在“一城繁花”小程序的场馆预约、艺术普及、志愿服务等多个版块开发了互动功能。实体数字文化体验馆的预约体验，以及未来城南文体中心面向百姓开放的排练厅和剧场的预约使用，都可以通过“场馆预约”版块一键完成。张家港市 2014 年推行总分馆制，其中“总分联动”的“助理清单”版块亮出了每个月分馆长助理的服务时间，各基层分馆的群众团队可按需“点单”。

二、推进文旅融合，让数字文化平台兼容“诗”和“远方”

党的十八大以来，习近平总书记就文化和旅游工作发表了一系列重要论述，科学回答了事关文化建设和旅游发展的方向性、根本性、全局性问题。用文化的理念发展旅游，让旅游更有“诗意”；用旅游的载体传播文化，让文化走向“远方”。文旅融合发展是大势所趋。就数字文化服务而言，如何让数字平台成为“诗”和“远方”的兼容载体，则需要我们用责任意识和大智慧来武装它。

一方面，在小程序中设计群众文艺作品的展示版块，让老百姓感受新时代诗意生活的美好和幸福。我们在“一城繁花”的“繁华在线”版块发布了文化馆近年来原创的各门类优秀作品和大型文化活动的高清视频，供微友们欣赏回味。疫情防控期间，我们开启“闭馆不停工”模式，紧锣密鼓创排了一批抗疫主题的新作品，诗歌、快板、小品、歌曲、美术、剪纸、烙画，一应俱全。我们在“繁华在线”版块开辟了“抗疫专辑”专栏，把这些作品全部呈现给了“最美逆行者”和广大受众。

另一方面，在小程序上搭建起“遗产＋旅游”的融合平台，把本地非遗传习所、生产性保护单位和创意基地等纳入旅游线路，推动文化资源和文化惠民服务嵌入旅游景区、旅游线路、旅游公共设施。我们在“一城繁花”的“玩转非遗”版块推出了“寻迹乡愁”非遗旅游路线，为广大市民提供了周末港城一日游的暖心攻略。

目前我们先策划整理了三条张家港非遗旅游路线：南线是美食之旅，可以体验乘航拖炉饼、高庄豆腐等港城特色美食；西线是购物之旅，可以买到雷沟大布、后塍竹编等港城非遗工艺品；东线是文化之旅，可以在鉴真东渡纪念馆了解鉴真东渡的故事，也可以去江南农耕文化园感受传统的沙洲打油作坊技艺。值得一提的是，我们运用小程序的定位功能，给每个非遗点位都进行了导航定位，张家港本地及周边县市的微友们可以在导航的指引下直接自驾前往目的地。

三、以人民为中心，让民众从数字文化服务中提升获得感

群文工作要以人民为中心，不仅仅是唱给人民听，跳给人民看，更要让人民成为真正的参与者，成为文化活动的主角，在活动中提高他们的艺术修养。一直以来，让人民在群众文化的“繁花”园里拥有更多获得感和幸福感，是我们文化馆人的不懈追求。开展公共文化“云服务”，不仅是群众的需求，也理应成为我们的自我追求。小程序具有互动性强的特点，我们“一城繁花”里“艺术普及”的“我要学艺”版块，受到学生家长和老年朋友热捧的少儿公益艺术培训和文化馆老年大学，包括深受文艺青年喜爱的“暨阳艺术大讲堂”，都可以直接在线进行报名和预约。

服务用心，艺术入心，方能暖心。为致敬逆行武汉战疫的港城骄子，文化馆对其家属推出了一系列服务项目，“一城繁花”小程序在“礼遇专区”就特设了“援鄂医务人员礼遇专享”，针对援鄂医护人员子女推出艺术培训志愿服务行动，以实际行动积极参与疫情阻击战，努力提供优质公益培训资源，彰显责任担当。首批开设器乐、声乐、美术、舞蹈等门类的七个课程，培训老师有文化馆艺术普及部的工作人员，还有艺术团、辅导部的老师。2020 年 2 月，文化馆美术创作员李素艳对接了张家港市中医医

院一名援鄂医生子女。李老师首先从加强孩子对绘画的兴趣入手，拓展提升孩子的想象力，并根据孩子的年龄特点制定了每周两次的授课计划，通过线上交流、视频对话，孩子在李素艳老师的耐心指导下，用手中的画笔描绘出一幅幅“春之图画”。儿童画欧阳乐老师、舞蹈潘亦情老师也都被援鄂医护人员子女约课。老师们通过网络“到人民中去”，也带去了属于春天的气息。

文化，现在已然成为新时代的一种生活方式。当人们“迁移”到网上生活的部分越来越多，人与人、人与社会、人与世界的沟通，主要通过数字化界面来转换和达成以后，“数字文化服务”必将给我们的生活带来更大的变化。专家们普遍认为，当5G普及以后，对于线上服务模式的探索，将会越走越远。我们必须重视拓展“掌上”空间，以小程序、公众号、抖音、视频直播为媒介，发掘潜在受众群体，吸引更多年轻人和市民走进文化馆，参与到群众文化活动中来。

当然，文化馆在数字化服务创新之余，一些固有的形式和模式还要保留，线上永远无法替代线下的魅力。我经常说，数字书法桌是永远培养不出书法家的，这些数字手段能够有效提升民众，尤其是青少年对艺术和中华优秀传统文化的学习兴趣，但最终他们还是得从艺术家和我们文化馆人手里来传承。数字化时代，群众文化如何培育自己的发展模式，新时代文化馆如何更好地服务于人民群众的美好文化需求，这是我们群文人接下来必须面对的新课题，也亟待全体文化工作者只争朝夕，不负韶华，共同努力！

在线互动交流

主持人：李馆长录播的课程已经结束了，我们已经把李馆长请到了网络直播间，李馆长您好。

李立群：秘书长好！大家好！非常高兴用这种方式和大家见面。

主持人：今天您的授课形式让大家眼前一亮，真叫人足不出户、身临其境、热血沸腾，这些话语都是我从互动区当中看到网友给您点赞说的。我们全域地体验了一次张家港特色数字文化馆的魅力，也感谢您的精彩授课。因为时间原因，我从前期主题征集和网友在互动区留言当中选几个问题，请您在线给我们解答一下。

这次疫情让全国各级文化馆对数字文化服务的优势有了新的认识，对于还没有开展数字文化服务的文化馆来说，可谓一“疫”惊醒梦中人，大家都摩拳擦掌，跃跃欲试。我们张家港市文化馆谙习信息化服务的能力，为了应对突发的疫情，你们也是即刻展开了一轮新的创新，今天您的授课有一个非常重要的关键词，或者说是一个非常重要的理念，就是建设数字文化馆除了平台建设以外，更重要的还是要重视运营。正巧前期征集议题的时候有馆员提出这样一个要求，希望主讲人来谈一谈文化馆在信息化服务当中如何提高运营能力，切实增长用户数量。那么，怎样增加用户黏性？怎样更快地响应老百姓的需求？想请您结合张家港的实践分享一下经验，李馆长。

李立群：现在我们已经进入大数据时代，应该说信息化为我们开展公共文化服务，提升策划运营能力和服务工作效能提供了一种行之有效的方法。就以我们数字服务平台为例，我们在公众号和小程序上都开设了少儿公益艺术培训和老年大学的预约报名功能，为学生家长和老人提供了便捷的服务，更重要的是，这些报名信息在数字平台的后台生成的大数据第一时间就能让我们知晓，我们开设的艺术课程哪些供不应求、一席难求，哪些课程不太受欢迎，甚至无人问津，这些大数据为我们迅速调整课程设置、最大限度地满意老百姓的文化需求提供了依据，从而大大提升了我们的服务效能和群众满意度。

增加数字平台的用户数量和增加这些用户的黏性其实是相辅相成的，

每次我们公众号粉丝数量急剧增加都是在我们开展少儿和老年大学艺术课程线上报名，以及大型文艺活动线上抢免费观摩票的时候。这说明我们开展受百姓欢迎的文化服务和文化活动，自然就会增加我们数字平台的用户数量；同时，这些文化服务和文化活动带给群众的信任与良性体验就形成对我们服务的依赖感和再次享受服务的期望值。依赖感越强，则数字平台的用户黏性越高；期望值越高，数字平台的用户黏性也越高。除此之外，向受众提供分众化、个性化的服务项目，多与受众在数字平台进行互动，定期开展线下体验活动，等等，都是提高用户黏性的有效手段。

至于如何更快地响应老百姓需求，我的体会是，一来要加强宣传，提高民众，特别是老年人，使用数字平台的频率，让他们养成像使用微信支付一样的使用习惯；二来还是需要我们运用大数据，对老百姓的需求迅速做出反应，及时调整工作思路，进行精准对接。

主持人：李馆长刚才您说到，加大我们文化馆的黏性，让老百姓真正能够享受到我们的服务，实际上还是需要仔细地思考，精心地策划，实际上这种策划也不亚于我们在线下举办一次大型的活动。那么下一个问题，大家也都知道开展信息化建设是需要大量的经费投入，刚刚您讲到张家港的数字文化馆建设 2014 年就纳入了政府实事工程，大家都知道纳入实事工程以后肯定有充足的经费支持，有一位网友提出了这么一个问题，旗（县）文化馆，或者说欠发达地区或者是中西部基层文化馆怎么样开展数字文化馆建设，估计是想让您给支支招，如果是人、财、物等条件有限，那么怎么开展，怎么做?

李立群：如果有些文化馆人、财、物条件有限，我个人还是认为，用第三方平台开展数字文化馆建设是最佳选择。目前，微信公众号需每年提交一次认证费，一直是 300 元的标准；小程序平台服务费 2996 元 /4 年。这两大平台不仅自带各种服务功能，而且都提供了现成的界面、模板，全部都是免费使用的，根本不需要花钱外包给社会上的公司去运行，馆内只要落实一名有一定文字功底和编辑能力、精通电脑的年轻人就可以玩转了。关键还是我们文化馆自身想不想花心思认认真真地去开展数字文化馆建设。

主持人：使用第三方平台，我觉得是一个比较有效的路径，是少花钱、多办事。我也借此机会插一个软广告，就是我们公共文化发展中心，在几年前开始着手搭建国家公共文化云平台，这个平台理论上是对所有的公共文化机构免费开放，给大家开放用户的权限，大家在登录注册成为我们的用户以后，就可以建立个性化的网站界面，搭配您推荐的这些个第三方平台，可以让文化馆遍网开花。

最后一个问题，想请问一下李馆长，这也是网友的一个留言，张家港数字文化馆平台关于总分馆的联动，有一个栏目叫“总分联动”是吧，这个版块是如何设计的？

李立群：目前我们小程序的“总分联动”板块，除了发布一些总馆和分馆的动态信息之外，主要还是突出总馆对基层分馆提供辅导和服务的互动功能。从今年开始，我们总馆派遣的分馆长助理改变了服务模式。往年总馆派遣的 16 名分馆长助理是一一对应 16 个分馆分别开展服务，但由于各个分馆发展不均衡，服务需求也各不相同，所以分馆长助理的工作量也就出现了不均衡，某种程度上造成了资源的浪费。为了更加精准地对接基层分馆的需求，今年我们实施了分馆长助理“固定 + 灵活”的派遣模式，实现“助理单人服务分馆”到“助理集体服务分馆”的转变。我们在小程序“总分联动”的“助理清单”板块亮出了每个月分馆长助理可以提供的服务时间，各个基层分馆的群众团队可以按需“点单”，预约分馆长助理去基层辅导。

另外，我们在完成 2016 年度国家文化创新工程重点项目“县域文化馆总分馆体系探索与示范”的过程中，于 2017 年开发了一个“总分馆管理系统”，这是一个专供总馆和分馆内部使用的一个管理系统，有 PC 端和移动端两个数字平台，针对总馆、分馆之间设施设备、活动开展、辅导培训、文艺创作等工作进行动态管理，要求分馆长助理必须通过移动端实时拍摄工作照片上传到管理系统，强化到基层辅导的服务意识和工作态度，也便于通过后台数据考核他们的工作量和统筹均衡对各个分馆的服务时间。

2019 年张家港市文化馆承担了文化和旅游部行业标准化研究项目《文化馆总分馆建设指标体系研究》，在广泛调研全国文化馆的需求，邀请专家论证的基础上，我们也提出了应该设立数字文化馆总分馆的建设标准，对总分馆利用数字资源，进行艺术普及、场馆运营、大数据采集等进行评估考核，进一步推动总分馆数字服务的共建共享。李国新老师在谈到文化馆内部管理要尽快实现数字化、网络化、智慧化的时候强调，文化馆过程管理中数字化平台不能仅仅是业务时态的记录、录入、统计，还应该有预测，要让大数据对文化馆规划未来工作发挥出作用。因此，接下来这方面的工作我们还要不断地加强。

主持人结束语

李馆长授课中讲到的一句话，让我记忆深刻，那就是：“人民在哪里，服务就在哪里”，这也说出了我们群众工作者的共识和心声。那么，正当春暖花开时，让我们共同祝愿张家港市文化馆的“一城繁花”开遍沙洲，我们也期待，在不久的将来，能跟随“一城繁花”的指引，踏上张家港的美食之旅、购物之旅和文化之旅。

让我们再次感谢李馆长的精彩授课！

网友留言精选

1. 数字与传统的完美结合，主讲人的介绍让群文人开阔了工作视野。向张家港文化馆学习、致敬！

2. 张家港文化馆展示新型文化的演艺和培训太棒了！李老师讲解得很细致。现场教学这个方法好，有远程视频教学的优势，身临其境！

3. 这几个课堂内容确实好，更希望各地给出更细致的指导方法。

4. 看来“微信公众号 + 小程序”是必需的工具。打卡的伙伴记得关注微信公众号，关注小程序。

5. 随着社会主义市场经济不断深入和发展，我国的文化体制改革也提上了一个新的日程。

讲座与互动视频二维码

第五讲

谈重大主题群众文艺创作

主讲人简介

戴珩，文化学者，作家，诗人，中国作家协会会员，中国文化馆协会副理事长，文化和旅游部国家文化和旅游公共服务专家委员会委员，二级研究馆员，南京艺术学院兼职教授，苏州科技大学兼职教授，江苏省文化馆馆长，江苏省非物质文化遗产保护中心主任，文化和旅游部优秀专家，江苏省有突出贡献中青年专家。

出版《人文遗韵》《把门打开》《共沐阳光》等个人著作36部，主编《江苏省第一批国家级非物质文化遗产要览》等图书十多部，获得过2004“感动中国的爱情故事”全国征文大赛一等奖、中国戏剧奖·理论评论奖、江苏省社科应用精品工程一等奖等多个奖项。

主持人开场词

改革创新，群策群力，共谋发展！

文化馆站的各位同人、各位网友，大家好！

大家好！欢迎收看由中国文化馆协会主办、国家公共文化云技术支持的“文化馆事业发展的思考与讨论”直播第五讲。我是本次讨论的主持人——中国文化馆协会秘书长赵保颖。

今天，我们请到的主讲嘉宾是中国文化馆协会副理事长、江苏省文化馆馆长、江苏省非物质文化遗产保护中心主任戴珩。戴珩老师是文化学者、作家、诗人、中国作家协会会员、国家文化和旅游公共服务专家委员会委员、二级研究馆员，在南京艺术学院、苏州科技大学等高校担任兼职教授，也是文化和旅游部优秀专家，江苏省有突出贡献中青年专家。

今天戴老师给大家带来的讨论主题是“谈重大主题群众文艺创作”。

主讲人授课的过程中，大家可以通过播出界面的互动区留言、提问。课后，戴馆长将在线，为大家答疑解惑。为了巩固疫情防控成果，这里提醒大家，尽量避免聚集性观看。

“文化馆事业发展的思考与讨论”第五讲现在开始。

讲稿精粹

各位同行，各位朋友，大家春天好！

非常高兴、也非常荣幸能够有机会在春暖花开时节和大家在网上见面。感谢中国文化馆协会为我们搭建了这一重要的交流平台，也感谢全国的文化同行以及所有关心公共文化、关心中国文化馆事业发展的朋友对已经举办的讲座和今天的交流所给予的关注和支持。

今天，我和大家分享和交流的话题是“谈重大主题群众文艺创作”。确定说这个话题，和今年发生的新冠肺炎疫情有一定的关系，但又不尽然。文艺事业是党和人民的重要事业。群众文艺是社会主义文艺事业的重要组成部分，是现代公共文化服务体系的重要内容和重要支撑。为了担负起“举旗帜、聚民心、育新人、兴文化、展形象”的使命任务，充分发挥“文艺是时代前进号角”的作用，全国广大群众文艺工作者自觉深入生活、扎根人民，积极投身脱贫攻坚、全面建成小康社会、实现中华民族伟大复兴中国梦的火热实践，用心用情用功抒写伟大时代，热情讴歌党、讴歌祖国、讴歌英雄，热情讴歌中国人民追梦圆梦的顽强奋斗，努力讲好中国故事，唱响中国精神，奏响新时代的最强音，书写中华民族新史诗，推出了一大批具有鲜明的时代主题和时代特色，接地气、扬正气，有筋骨、有道德、有温度的优秀作品。这些作品集中体现了以人民为中心的创作导向，反映了人民的生活、命运和情感，表达了人民的心愿、心情和心声，传递了向上向善的理念和社会主义核心价值观，给人以审美的享受、思想的启迪和生命的力量。在反映时代重大主题方面，群众文艺从未缺席。新冠肺炎疫情发生以来，全国广大群众文艺工作者第一时间体现出了责任、勇气、担当、情怀与思想的力量，自觉地加入到对这场灾难的抗争和疫情防控的总体战、阻击战、人民战争中，在做好自身防疫抗疫、勇当社区志愿者的同时，以不同的形式创作了大量的主题群众文艺作品，歌颂中国人民和一线抗疫主体的不屈精神、大爱情怀和无私奉献的勇气，增强了民众抗击疫情的信心，为打赢疫情防控的人民战争贡献了群众文艺的力量。今天，我和大家就重大主题群众文艺创作做交流，是想和大家一起分享我对重大主题文艺创作的思考，以期更好地推动群众文艺创作再攀新高峰，再创新境界。

今天，我将主要就重大主题创作的意义、群众文艺创作者应积极投身重大主题创作、重大主题群众文艺创作应该把握的几点和大家作交流。

一、重大主题创作的意义

（一）重大主题在反映生活的深度、广度、厚度和时代特色上优于一般主题

重大主题指作者从一定历史时期的社会生活里有重大影响的事件中挖掘出的主题。生活中可供创作和提炼主题的素材很多，风花雪月、生活琐事、平凡场景、普通人物，都可以挖掘出积极、健康、向上的主题。但是，历史和现实中有些事件因其有杰出人物和人民群众的广泛参与，而成为有重大影响的事件，比如中国共产党的诞生、抗日战争、解放战争、中华人民共和国的成立、改革开放等，这些重大事件往往场面波澜壮阔、气势恢宏，其意义非凡，直接影响、改变、推动着社会和历史的进程，因此，其具有的时代特征更为鲜明，思想内涵更为丰富，人物形象更为生动。从这些有重大影响的事件中挖掘和提炼出的重大主题，无疑比一般主题会更有分量，更沉实，更厚重，更能反映时代和生活的本质，也更有思想的冲击力。

（二）重大主题创作更能体现中国特色、中国风格、中国气派，更有利于构筑中国精神、中国价值、中国力量

“文艺是国民精神所发的火光，同时也是引导国民精神的前途的灯火。”实现中华民族伟大复兴，是一场震古烁今的伟大事业，需要坚忍不拔的伟大精神，也需要振奋人心的伟大作品。重大主题创作，直接反映党和国家事业，描绘我们时代和社会发展的大事件、大变革、大图景，再现历史的步伐、民族的苦难、人民的奋斗、曲折的历程、辉煌的胜利。这样的作品更能体现中国特色、中国风格、中国气派，更有利于构筑中国精神、中国价值、中国力量。

（三）重大主题创作更能引起人民的共鸣

题材本无优劣之分，创作者也完全可以以小见大，微言大义。因为主

题有别，作品的内涵还是有巨细之分，内蕴还是有重轻之异。回顾过去的创作，像歌曲《义勇军进行曲》，音乐《黄河大合唱》，大型音乐舞蹈史诗《东方红》，文学作品《红岩》《红日》《保卫延安》《青春之歌》《创业史》，以及歌曲《春天的故事》，舞蹈《永不消逝的电波》，因为都反映了时代的重大事件，凸显了鲜明的重大主题，表现出了浓烈的家国情怀和家国天下的真情实感，引起了人民群众的强烈共鸣。

二、群众文艺创作者应积极投身重大主题创作

（一）投身重大主题创作是群众文艺创作者应尽的责任和使命

“文章合为时而著，歌诗合为事而作。”文艺随时代而行，与时代同频共振。一个时代有一个时代的文艺，一个时代有一个时代的精神。任何一个时代的经典文艺作品，都是那个时代社会生活和精神的写照，都具有那个时代的烙印和特征。任何一个时代的文艺，只有同国家和民族紧紧维系、休戚与共，才能发出振聋发聩的声音。反映时代是文艺工作者的使命。广大文艺工作者要把握时代脉搏，承担时代使命，聆听时代声音，勇于回答时代课题。关注重大主题，投身重大主题创作，这是群众文艺工作者的使命和任务，也是群众文艺创作者的一份光荣。

（二）重大主题为群众文艺创作者提供了大显身手的机会

重大主题和重大题材、重大节点紧密关联。2020 年是“十三五”收官之年，要打赢脱贫攻坚战，全面建成小康社会，实现第一个百年奋斗目标。这是中华民族发展史上的大事，也是人类发展史上的大事。2021 年又将迎来中国共产党成立 100 周年，开启“十四五”和现代化建设新征程。群众文艺工作者应积极投身火热生活，拥抱火热生活，从中寻找创作的素材和灵感，积极投身重大主题创作。重大主题为群众文艺创作者提供了极好的创作契机，也提供了大展身手的舞台。广大群众文艺创作者应该紧扣时代脉搏，精心创作无愧于历史、无愧于时代的优秀重大主题文艺作品。

（三）重大主题为群众文艺创作者创作出精品提供了可能

主题越是重大，意味着其背后可供挖掘的底蕴越深厚，可供利用的素材越丰富，可供拓展和创造的空间越巨大，作品扎根生长的土壤越广阔、越肥沃。对于有才华和真心投入的作者来说，重大主题创作不仅可以精品，而且更应出精品，也更易出精品。

三、重大主题群众文艺创作应该把握的几点

（一）要坚持以人民为中心

社会主义文艺是人民的文艺，一切重大主题最终的中心都是人民。人民是历史的创造者，是时代的雕塑者。要努力触摸到时代与人民的脉搏，为人民抒写、为人民抒情、为人民抒怀。要坚持以强烈的现实主义精神和浪漫主义情怀，关注人民的生活、命运、情感，表达人民的心愿、心情、心声，表达人的命运与对幸福的追求。要紧贴人心，充满光与热，讲好中国故事、记录时代变迁，赞颂人间大爱、抒发百姓情怀。

2020 年春节前后，新冠肺炎疫情发生后，在党中央的领导下，中国打响了抗击疫情的人民战争、总体战、阻击战，4 万多名医护人员逆行奔赴武汉、湖北，全国文艺工作者，包括广大群众文艺工作者，纷纷以笔为武器，加入了抗击疫情的战斗，创作了许多抗疫主题文艺作品。我也创作了一首 400 多行的长诗《中国大考》，全景式地反映全国人民在党中央的领导下，紧急动员，齐心协力，以特有的中国决策、中国部署、中国行动、中国信心、中国力量，打赢疫情防控的人民战争。在众多战疫作品中，江苏省太仓市文化馆推出的一首歌《把秀发珍藏》，深情歌颂了危难时刻毅然剪去秀发奔向抗疫一线的年轻护士，歌颂了人间大爱，很有特色，也很感人。

（二）要站在一定的思想高度

对文艺来说，思想是灵魂。重大主题都来自重大事件和重大题材。从事重大主题创作，就要求创作者必须有较高的政治站位、正确的价值观，

要有开阔的视野、广阔的胸襟和宏大的格局，要有敏锐而高瞻远瞩的思想，要有从生活中提炼重大主题的能力，要有对个体、民族、国家命运最深刻的把握，要有对生活的细细体察，要有对人民滚烫的爱心，要能够高屋建瓴，准确地把握时代的脉搏，代表社会发展的方向，体现时代性和前瞻性。这样，创作出来的作品才能思想性、艺术性俱佳，有高度、有广度、有深度、有力度、有温度。

陕西省神木市文化馆以治理毛乌素沙漠为题材，从牛玉琴等治沙英雄的感人事迹中汲取创作灵感，创作了群舞《毛乌素沙漠的女人们》。舞蹈表现了在风沙肆虐中，沙漠中的女人们顶风而上，在绝望中寻找生机。她们一次又一次洒下汗水、洒下泪水，把青春、爱与生命全部都投入到治沙事业中，不断地种下希望。她们像抚育新生婴儿一样守护着亲手栽下的小树苗，年复一年，终于让昔日的漫天沙漠变成了片片绿洲。舞蹈生动阐释了榆林人民和中国人民不畏艰难、万众一心、众志成城、永不退缩的“追梦”精神。用舞蹈来表现生态文明建设，表现出一种崇高美，使《毛乌素沙漠的女人们》别具一格，显现出感人和耀眼的光彩。

（三）要遵循艺术创作的规律

越是重大主题创作，越是要遵循艺术创作规律。

一是要从生活出发。不论多么宏大的创作，多么高的立意追求，都必须从最真实的生活出发，从平凡中发现伟大，从质朴中发现崇高，从而深刻提炼生活、生动表达生活、全景展现生活。要准确地发现和把握生活的本质，要对从生活中获取的素材进行提炼、消化和加工。乡村振兴是国家战略。反映乡村振兴也是重大主题。《雕花的哥哥回来了》由江苏省文化馆和苏州市公共文化中心联合推出，获得2019年度国家艺术基金资助，作品通过一个雕花匠和一群乡村的能工巧匠的归去来，反映了在十九大精神指引下，新时代中国特色社会主义道路展开新的画卷，乡村振兴的春风吹暖了故园，乡村能人们纷纷返乡，投身家乡的建设，让绿水青山变成金山银山，给古老的家园注入时代活力，插上腾飞的翅膀。《雕花的哥哥回来了》没有重复乡村题材的老套路，而是选取了雕花匠归来的全新视角。雕花匠回来了，象征着年轻人回来了，人才回来了，传统工艺回来了，传统文化和技艺被激活，现代产业被兴起。而以雕花的哥哥为代表的立志回报乡村的年轻人才回到乡村，给乡村带来了希望，带来了活力，带来了幸福、富裕和吉祥。歌曲的音乐旋律中吸收了苏南滩簧戏音调和苏州评弹音调元素，以叙事性陈述方法结构而展开，但又没有全面具体地去讲述人物故事，只是展现雕花匠的绵长乡愁和乡情。面对雕花匠的心灵追求，也没有一般性地赞美，而是通过深刻而浓郁的诗意，展现他彩绘锦织的壮美情怀，“雕出并蒂花开：一朵是记忆，一朵是向往”“雕出百花长廊，千紫聚幸福，万红映吉祥”。

二是要从情感出发。作品需要有思想，但这思想不是空洞的、干巴的，而是被情感所浸润、所包裹着的思想，是依附于人物、故事、情节的思想。北京市丰台区文化馆创作的快板书《赤子归心》以新中国成立和建设为背景，讲述了中国载人航天奠基人、中国运载火箭技术研究院（航天一院）首任院长钱学森先生，在新中国成立后立志从美国回来报效祖国，但受到美国方面监禁，归国受阻，通过多方努力最终在五年后回到祖国母亲怀抱的真实故事，颂扬了科学家的爱国精神。该作品获得了第十八届“群星奖”。

三是要选取独特的角度。要避免人云亦云，一拥而上，造成简单化、脸谱化、概念化、同质化、空心化、肤浅化。由江苏省文化馆和苏州市公共文化中心联合推出的音乐作品《一条叫做“小康”的鱼》，以苏州评弹为音乐元素，歌词回避通常关于小康社会的直接表述，选取“鱼”为意象，把政治概念化为老百姓可以感知、可以理解的生活图景，通过“年年庆有余”的中国梦想、“海阔凭鱼跃”的时代风貌，展示了一幅人们对小康社会执着追求、不懈努力、渐成现实的绚烂画卷，作品以清丽婉转的吴侬软语，唱出普通百姓拥抱小康社会的幸福。

四是要选择恰当的艺术表现形式。每一种艺术样式都有它的擅长之处。

要根据题材内容来确定用何种艺术表现形式。四行仓库保卫战发生于1937年10月26日至11月1日，参加这场保卫战的中国士兵被称为“八百壮士”，他们抵住了日军的多番进攻，这次保卫战重新振奋了因淞沪会战受挫而低落的中国军民的士气。获得第十八届“群星奖”的短篇苏州评话《捍卫者》以上海四行仓库保卫战为题材，通过艺术加工还原了那个漫天硝烟的历史时刻。考虑到苏州评话为老百姓喜闻乐见，双档评话也更能呈现故事的恢宏，创作者决定采用这一曲艺形式，选取战役中最激烈的两天搭建故事架构，着重刻画“遗书”“送旗帜”等片段描写，凸显城市乃至国家“捍卫者”的精神，也因此将作品取名为《捍卫者》。为加强戏剧张力及故事情节的起伏跌宕，开场直接用四句韵白把观众带入战火纷飞的情境，并借用评话表演的固有模式，加强人物内心独白，使谢晋元的人物形象更加丰满立体。值得一提的是，曲本中的“升旗”段落一改评话中的常态“表书”，增加动作的表演性，生动凸显出“捍卫者”的英雄形象。当演述到苏州河南岸百姓看到民族旗帜升上天空时，军民共同抗日的热血心情呼之欲出，使作品达到高潮，曲本的整体丰满度得到了完美呈现。

五是在艺术上要有所突破和创新。艺术贵在创新。优秀的艺术作品一定都在某一方面或是多个方面有新的探索、尝试和突破。山西省平定县文化馆、平定县煤气公司挖掘红色题材，以百团大战为背景，以武迓鼓的音乐素材为基础，创作了鼓乐《保卫娘子关》，生动讲述了百团大战中晋察冀军区第四军分区五团一营一连坚守娘子关镇磨河滩村，全连145名参战指战员，仅17人生还的故事，充分表现了八路军战士不屈不挠、英勇奋战、不惧牺牲的精神。《保卫娘子关》由“潜伏待战”“集结出征”“激战牺牲”“胜利欢庆”“再踏征程”五个章节组成，音乐在保留传统的基础上融入了现代的表现手法，使用了“三连音”的节奏形式，来表现战争的惨烈。此外，该作品在服装、道具等方面，也都有重大突破。作品主题鲜明，表现手法新颖，具有当代审美和创新意识，作品振奋人心，恢宏大气，表现了中国人的志气，展示了中华民族的精神，达到了一定的艺术高度。该作品得到了评委和观众的一致好评，获得了第十八届“群星奖”。由黑龙江省群众艺术馆和哈尔滨市群众艺术馆共同编排创作，获得第十八届“群星奖”的群舞《红高粱》运用拉丁舞的动作元素，通过双人舞与群舞的结构关系展现男女主人公在抗日战争年代，在生长哺育他们的那片土地上不朽的爱情故事，展现了与侵略者的顽强斗争的革命精神。《红高粱》用拉丁舞表现中国抗日题材，完整讲述故事内容，表达深刻的内在思想，结构编排具有独创性及视觉冲击力。

重大主题创作对于广大群众文艺创作者是机遇，也是挑战。面对乡村振兴、文旅融合、脱贫攻坚、全面建成小康社会、迎接建党 100 周年、开启社会主义现代化新征程这些时代重大主题，我们必须进一步增厚学养、丰富积累、深邃思考，进一步强脚力、放眼力、开脑力、强笔力，才能完成“培根铸魂”“画像、立传、明德”的任务，创作出真正唱得响、传得开、留得下的作品。

在线互动交流

主持人：我们把戴老师已经请到了网络直播间。戴老师，您好！

戴珩：主持人好！

主持人：相信屏幕前的观众和我一样，都还沉浸在您刚才娓娓道来、饱含深情的课程中。为了这次课，我知道您和江苏省文化馆的团队做了精心的准备，看您这个背景板是一副高远古朴的鸾山松鹤图，非常雅致，想先问您一个题外话，您馆里是不是有专门的录播室啊，显得这么高大上。

戴珩：您看出来了，我现在就是在江苏文化馆的虚拟演播室和大家见面，江苏文化馆在 2018 年的 4 月就建成了这么一个演播室，演播室里有 4K 的摄像机、现代的导播台、调音台等设备，包括录制的设备以及视频的抠像、合成的设备。只要在这个空间里想要做节目，我们可以随意地调换我身后的背景，也可以用绿幕做我们的背景，然后采用抠像的合成技术随意地更换现实场景和背后的背景，可以满足制作节目的需要。3 月 12 号，我们举办了“迎向春光”江苏省群众文艺演抗疫主题作品的线上展演，我们就是在这个空间里面完成了主持人主持的录制，把全省各地文化馆报送过来的优秀的节目，通过主持人的主持，巧妙地把它们串联起来，编制了一场非常好的节目，在江苏公共文化云平台上播出，现场点击量超过了 15 万。因此这个空间是江苏文化馆的数字化建设的有特色的场所。这些年来在中央财政和省财政的支持之下，江苏省文化馆也加强了数字化的建设，目前建有江苏省文化馆的官网、江苏省非物质文化遗产网站、江苏公共文化云平台、江苏省文化馆微信公众号、江苏公共文化云微信公众号，形成了一个非常好的数字服务的矩阵。其中，江苏公共文化云平台采用了基层的文化馆（站）入驻的形式，目前全省的文化馆（站）入驻的已经达到610家。江苏公共文化云微信公众号的用户已达到了70万，关注用户70万，注册用户超过了 10 万。江苏公共文化云平台这两年运营的效果也非常好，每年累计发布的活动也有两万多场，参与活动的人次达到了九千多万。这次抗疫期间，江苏文化馆的每一个微信公众号都推出了新创作的抗疫主题的优秀作品，江苏非物质文化遗产网推出了 20 多期非物质遗产传承人用自己的艺术形式反映抗疫主题的优秀作品，这些作品的内容也非常好。江苏公共文化云平台也推出了大量的慕课、线上展览以及讲座等资源，也受到了群众的欢迎。关于数字化建设，前面的专家谈了很多，对于江苏省文化馆，乃至全国的文化馆而言，这仍是非常重要的新的课题，我们还存在很多的不足，下一步我们还是要根据时代的发展、根据人民群众的需要，继续努力，继续做好我们数字化的服务，主持人。

主持人：戴馆长，我知道江苏省的数字文化馆，特别是云平台的建设，在省级文化馆里应该是比较出色的，特别是我刚才听您提到江苏省数字文化馆的平台建设，带领市、县级以及乡镇文化馆的入驻，这是一种非常有效的建设模式，值得大家去学习借鉴。言归正传，由于时间的原因，我从前期的主题征集和网友的互动区留言当中，选几个问题请您在线解答一下。

刚才您在课程开场就谈到，叫作“文艺事业是党和人民的重要事业，群众文艺是社会主义文艺的重要组成部分，也是公共文化服务体系的一个重要内容和重要支撑”，我想这是给我们的群众文化确立了很高的站位，文化馆人确实也需要这样的自觉。面对这场疫情，我们各级文化馆同人体现出了责任、勇气和担当，自觉加入到这场战疫当中，其实这也印证了您刚才在讨论当中说的一句话，就是重大主题创作，群众文艺从未缺席。前期我们在主题征集中，有位同人提出这么一个问题，他提到如何发挥文化馆在群众文艺创作中的引领作用？引领二字用得特别好，也彰显了这位同人的文化自信，您能否给这位同人解答一下。

戴珩：好的，主持人。也非常感谢网友提出了这个问题，这也表达了我们文化馆人共同的心愿，大家都关注在今天这个时代怎么更好地创作主题性的群众文艺作品，怎么样更好地满足人民群众的需要。文化馆是政府设立的公益性文化机构。在文化馆的职能中，有一项重要的职能就是组织开展群众文艺创作。群众文艺创作是现代公共文化服务体系的重要内容和重要环节，它直接关系着现代公共文化服务的质量和效能，直接影响着我们为今天的中国和未来的中国培养和塑造什么样的公民，它为实现中华民族伟大复兴中国梦提供强大的精神动力和文化支撑。文化馆要在公共文化服务体系中发挥中坚和骨干作用，必须把群众文艺创作放在重要位置，作为中心环节，并充分发挥文化馆在群众文艺创作中的引领作用。

要发挥文化馆在群众文艺创作中的引领作用，可以从以下几个方面入手：

一是在创作导向上作引领。要引导广大群众文艺工作者牢固树立以人民为中心的创作导向。坚持文艺为人民服务，为社会主义服务。要引导广大群众文艺工作者把人民作为表现主体和服务对象，自觉扎根人民、扎根生活，自觉走进群众中，更加自觉主动地写人民、演人民，为人民抒写、为人民抒情、为人民抒怀。获得第十六届群星奖的宁夏坐唱《民生工程为民生》以宁夏坐唱形式，反映了党的移民工程让35万移民搬下山摆脱贫穷，逐步致富的故事，就唱出了人民的心声。2018年12月1日，江苏省文化馆在江苏大剧院承办第十三届江苏省“五星工程奖”颁奖仪式暨优秀作品展演，我们给展演起的名称是“花开沃土，艺献人民”。这个名称所表达的核心意思就是，群众文艺之花只有盛开在人民的沃土、时代的沃土、生活的沃土中，才会开放得格外鲜艳；群众文艺只有服务人民、回馈人民、报答人民，才最有价值，最有意义。这就是在创作导向上的一种引领。

二是在创作的价值追求上作引领。群众文艺作品是公共文化产品，承担着“培根铸魂”的使命，发挥着文艺以文化人、以文育人的作用。因此，文化馆必须要引导群众文艺工作者把“真善美”作为价值追求，努力彰显自然的美、生活的美、心灵的美，传递向上向善的价值观，弘扬社会主义核心价值观。

三是在创作的主题、题材、内容上作引领。文化馆要引导广大群众文艺工作者积极关注和投身重大主题、重大题材创作，弘扬主旋律，传播正能量。同时，提倡题材多样化，既大中取材又小中见大。在创作内容上，讲好中国故事、记录时代变迁，赞颂人间大爱、抒发百姓情怀。获得第十七届群星奖的群舞《扫街》通过真实的环卫工人和演员的融合表演，把普通的扫帚，作为手中的画笔，描绘出一幅国泰民安，安居乐业的和谐画卷，展现了环卫工人恪尽职守的精神，体现了爱国、敬业，诚信、友善的核心价值观。

四是在创作的质量上作引领。人民群众需要优秀的群众文艺作品。文化馆要带头创作生产出传播当代中国价值观念、体现中华文化精神、反映中国人审美追求，思想性、艺术性、观赏性有机统一，思想精深、艺术精湛、制作精良，有筋骨、有道德、有温度，无愧于我们这个伟大民族、伟大时代的优秀群众文艺作品。

主持人：谢谢戴老师。文化馆在群众文化创作中四个方面的引领——导向引领、价值追求引领、创作引领、质量引领，特别值得我们深入思考和体味。好的作品还需要好的传播，这样才能把刚才您讲到的培育、引领价值观的作用发挥出来。前几场讨论当中各位嘉宾都结合自己的主题谈到了互联网和新媒体对文化馆带来的发展机遇，刚才有网友在互动区中提出这么一个问题，他问："新形势下如何更有效地做好优秀群众文艺的传播与推广？"请您回答一下。

戴珩：这个话题也非常重要。好的作品必须要有好的传播，才能让更多的人充分享受到。新形势下，要更有效地做好优秀群众文艺的传播与推广，应该在以下几方面进一步下功夫。

一是多渠道推广和传播。如借助影响力大的主流媒体和社会媒体进行传播；利用文化馆网站、云平台、微信、微博进行传播；利用个人自媒体进行传播。

二是多手段推广和传播。结合文化馆免费开放、场馆服务、流动服务、流动演出、数字化展示、开展全民艺术普及以及举办各种文化活动，开展文化交流，进行推广和传播。

三是多形式推广和传播。制作微信、音频、短视频、慕课、动漫，举办快闪、分享会，进行推广和传播。

四是一定要善用互联网和新媒体进行传播。

主持人：戴老师说得太好了，要多渠道、多手段、多形式。您刚才所举的《春天四章》的例子正好给大家做了一个示范，自媒体、馆里的自建媒体还有大众媒体联动传播，可以让我们的作品传播得更快、更广，效果也会更好。

戴珩：实际上我们现在一定要善用媒体，善用新媒体，善用融媒体做好传播。在基层有基层的传播方法和手段，顶层有顶层的传播方法和手段。我再举个例子，昆山市文化馆馆长是一个摄影家，昆山近几年搞了很多关于文化传承人的活动，他就有意识地拍摄了有关昆曲传承的摄影作品，不只是舞台上的镜头，还有台下的镜头，并举办了摄影展，这个展览最早在昆山举办之后这个展览又放在江苏省文化馆的艺术文化展厅来举办，我们把这个展览推荐给媒体，《新华日报》用一整版来报道这一展览，还有新闻给配上视频进行传播，这个传播面就非常广了，所以我们要善用新媒体，善用多媒体，通过各个层面来传播。我前面做《春天四章》，最令人感动的是本来我以为传播春天信息是我个人的事情，后来发现不是啊，当这么多文化馆参与后，就体现了全国文化馆或者说整个行业对春天到来的期盼和信心，这些声音汇聚一起就成为整个中国迎接、走向春天的声音，非常美好。主持人。

主持人：好的，戴老师，因为时间的原因，我们再提一个问题。有网友问："如何采用新的机制，推动主题群众文艺精品创作？"我的理解是，他可能认为旧的机制就是我们相对比较单一的评奖，现在评奖机制弱化了以后，如何采用新的机制推动我们的创作。

戴珩：主持人，这个话题也非常重要。今天随着人民群众审美要求越来越高，对群众文艺作品质量的要求也越来越高。群众文艺必须多出精品，只有多出精品，才能满足人民群众对美好生活的新期待。而要多出精品，仍按老思路、老办法，很难行得通。这就需要我们创新机制。特别是推出重大主题群众文艺作品，就更需要创新机制。

群众文艺作品是群众的集体创造。对于重大主题群众文艺创作，应该在一定层级上建立起统筹、合作和协调机制。通过建立这样一个机制，集聚区域内外群众文艺创作骨干和精英，集思广益，拓宽思路，共同商讨和确定创作的主题、题材、样式，充分发挥作者的特长和优势，在作者拿出初步构思之后，充分讨论，帮助作者深化主题，调准角度，完善构思，初稿完成后再反复论证，反复修改，并协调资金、导演、演员等各种要素，保证作品能够成功地矗立在舞台上。

2019 年初，江苏省文化馆接受了省文明办和省文旅厅交办的创作一台以“倡导移风易俗，弘扬时代新风”为主题的群众文艺作品的任务，我们就采用了这样的机制和方法，收到了很好的效果。深圳市文化馆在群众文艺创作机制上也进行了创新。他们牵头成立了深圳市文化馆联盟，联盟下设艺术创作专业委员会，定期召开创作工作会议，结合重大主题、重大节点、重大赛事、市民需求，制订创作规划，开展创作骨干培训班，统筹联盟各成员单位艺术力量、文化资源和资金，共同开展群众文艺创作，全方位发挥对深圳市群众文艺创作的引领作用。他们推出的大型交响组歌《我们就是河流》以及最近创作的战疫主题作品，都产生了广泛的社会影响。

主持人结束语

戴老师已经给我们提问一一做了解答，也对我们的工作给予这么高的评价和鼓励，我想下一步我们会把工作做得越来越好，不辜负您对我们的期待。作为一位资深的文化学者和从业多年的群文工作者，戴老师对重大主题群众文艺创作这个话题有很深的见地，他今天的分享也将会引发我们更加深入的思考。面对时代的召唤，面对人民的期待，面对 2020 年以及未来的一系列重大主题，我们要将这些思考转化为创作的智慧和力量。让我们在此感谢戴老师给大家的精彩授课。

截至今天，我们的讲座已经进行到了第五讲。在每次直播前的暖场时间，我们都会播出一段文化馆行业的宣传片，受到大家欢迎。有很多同人给我们留言，想用这个视频宣传自己的文化馆。这个宣传片是中国文化馆协会于 2019 年底开展“文化馆主题宣传月”活动时策划推出的，专题片的主要撰稿人正是今天的主讲人戴珩老师。推出这部宣传片的目的，就是希望全国各地文化馆，拧成一股力量，参与到文化馆的行业宣传和服务推广当中，通过互联网、新媒体等多种宣传渠道，发出我们的行业声音，让更多基层群众了解文化馆，认识我们这些可爱的文化馆人。

网友留言精选

1. 通过视频的学习，我对文化馆的工作又有了新的认识，对祖国的宏伟建设蓝图，有一种更深的理解。给自己的工作规划要多样化，要跟祖国的大好形势接地气。

2. 以现实举例，把作品的高度、深度、力度透析出来，有想立即了解这些作品的冲动，很是享受！感谢戴馆长的精彩分享，构建现代化文化馆，数字建设势在必行。

3. 请问如何采用新的机制，推动主题群众文艺精品创作？

4. 文化艺术是人民群众的精神食粮，要传承文化，还要“中、西餐”结合，让大家的欣赏水平得到提升，促使全民文化氛围达到高峰。

5. 谈重大主题群众文艺创作，通过更广大的视野感受文艺创作的气息，感受群众参与群文活动的热情。

讲座与互动视频二维码

第六讲

公共文化服务和旅游的融合发展

主讲人简介

毕绪龙，中央文化和旅游管理干部学院研究员、党委办公室主任，文学博士、经济学博士后，文化和旅游部优秀专家。主要研究方向为文化改革发展、公共文化服务、文化产业理论与实践等。主持参与国家及省部级委托课题项目、各地文化和旅游产业规划策划等50余项。多次参与政策调研起草工作。主讲“公共文化服务发展的创新理念”“新时代文化产业发展与政策趋势”“文化和旅游融合发展政策趋向和行业实践”等课程。

主持人开场词

改革创新，群策群力，共谋发展！

文化馆站的各位同人、各位网友，大家好！

欢迎收看由中国文化馆协会主办、国家公共文化云技术支持的“文化馆事业发展的思考与讨论”直播第六讲。我是本次讨论的主持人——中国文化馆协会秘书长赵保颖。

今天，我们请到的主讲嘉宾是中央文化和旅游管理干部学院研究员、党委办公室主任毕绪龙老师。毕老师是文学博士、经济学博士后，文化和旅游部优秀专家。他将给大家带来的思考与讨论主题是“公共文化服务和旅游的融合发展”。

主讲人授课的过程中，大家可以通过播出界面的互动区留言、提问。课后，我们将连线毕老师，与大家互动讨论。当前的疫情防控工作不能松懈，所以还是要提醒大家，在收看直播时减少聚集。

“文化馆事业发展的思考与讨论”第六讲现在开始。

讲稿精粹

在这次疫情中，文化和旅游行业特别是旅游业受到严重冲击，也激发了我们对公共文化服务创新发展进行深入思考。在文旅融合背景下，公共文化服务、文化馆如何通过与旅游融合，创新服务内容、创新服务方式，进一步提高服务效能等问题，又一次被提上重要议事日程。今天下午，我围绕公共文化服务和旅游融合发展这个话题，算是抛砖引玉，谈谈自己的认识和理解，和大家一起研讨。我主要谈以下三个方面的内容。

一、疫情检验公共文化服务发展的三种能力

（一）疫情检验了公共文化服务的社会服务能力

疫情使十几亿人居家隔离，阻断了实体空间的文化和旅游消费，把所有文化和旅游服务主体，不分事业产业、不分文化旅游，共时性、无差别地“挤压”在了线上。这个时候考验大家的是什么？是文化和旅游企事业单位面向社会的服务能力。比如旅游业，疫情期间一些智库类旅游企业和OTA平台企业纷纷开展大型公益直播，12小时不间断，政产学研各方面都来讲，观众有的十几万，有的高达七八十万。这就是特殊时期旅游业社会服务能力的体现，当然这与旅游业市场化程度较高是相对应的。在公共文化服务领域，国家文物局的“博物馆在线展览平台”汇聚了全国各地三百多家博物馆做在线展览，抖音联合九大博物馆做了在线直播，淘宝直播联合八家博物馆推出“云春游”活动，有更多的博物馆利用官网和社交媒体开展了全景虚拟展览等，都获得了很好的效果。连布达拉宫也参与了“云春游”，进行了网络直播首秀。这也是博物馆系统社会服务能力的一次集中体现。可喜的是，我也看到我们一些文化馆在线推出了抗疫文艺作品，推出公益课堂、艺术慕课直播和其他在线文化活动，当然也包括近期中国文化馆协会推出这样的直录播讨论，等等。对这些在线活动方式，我做一个归纳：这是公共文化服务领域社会服务意识的加强和提高社会服务能力的进一步探索，尽管还不够多、传播还不够广，但让我们体验了让公共文化服务走出场馆、走出辖区、走向全社会的可能和这种文化传播的魅力。其实，在线业务我们一直在做，但是做的不多、做的不熟练、做的不持续，也没有摆到重要工作层面来做，没有形成大的社会影响面；线下的服务，关于老年群体、少儿群体的服务好一些，有关青少年群体的服务范围和能力还比较弱；公共文化服务社会化的工作一定程度上忽略了文化单位职工的社会服务能力建设，特别是文化馆，在艺术普及职能的转型期，艺术培

训、群文活动等方式还比较老套，离公益机构需要具备的卓越社会服务能力还有较大差距。通过各种方式提高公共文化的社会服务能力，提高社会服务覆盖面，对树立我们的职业形象、专业形象，增强文化事业的自豪感和贡献率有重要意义。

从文旅融合的角度来说，公共文化服务是和一个市场化程度很高、主体以企业为主的行业在融合，是由原来的单纯为居民服务转向为游客和居民的双重服务。公共文化的社会服务能力提高了，才能具备与旅游融合的基础，才能够主动融入旅游、相互借力发挥作用。

（二）疫情检验了公共文化数字化服务能力

疫情期间，大家都看到，当今的互联网文旅消费的载体热点是什么？是网红、打卡地、抖音、小程序、直播带货、李子柒……旅游行业在疫情期间充分利用了这些热点，激活了本来不活、不火的社会培训业务，越做越火，还快速衍生出了一些新形式，如市长代言、景区宣传推广、本地土特产营销等。面对这些活跃的互联网文旅消费现象，我们公共文化服务不能无动于衷。我们不是要去介入商业化活动，但十分需要学习社会、学习互联网，丰富我们的文化传播方式，链接老百姓的生活。现在来看，公共文化服务的一个创新理念必须要牢固树立起来，就是公共文化服务产品服务的内容创新、形式创新要与市场同类产品服务保持基本同步，让我们的服务方式符合主流消费人群的消费形式和消费习惯。

从文旅融合的角度来讲，这也是公共文化服务和旅游融合的一个重要条件。公共文化数字化建设基本是紧跟网络技术的发展和趋势，但有一个问题没有重视和解决，就是公共文化服务“互联网＋公共文化服务”“互联网＋艺术普及”的思维和能力没有获得很好的锻炼和提升，疏离了社会流行文化。习总书记强调，网络已经成为舆论的主阵地，群众在哪里我们的领导干部就要到哪里，我们的舆论就要到哪里。公共文化服务也要这样，群众在哪里进行文化消费，我们就要到哪里去提供文化服务。既然文化消费向线上转移的趋势已定而且还会不断迭代加速，我们的服务创新也要把重心转到这上面来。

（三）疫情检验公共文化服务的文化资源转化能力

这次疫情相当于对人民群众精神文化需求做了一个全样本问卷调查，可以看出人们对接触、体验和参与文化艺术活动的热情很高，也可以看出人们参与文化艺术活动，方式很多样、渠道很多元、时间很零碎、眼球很挑剔。面对这种文化消费趋势，公共文化的传统服务方式正在失灵，门户网站、公众号浏览量很少，在线群文活动和线下活动方式基本雷同，效能问题可能就是一个“死结”。对于这一问题，我们要向社会学习的是文化资源的转化能力。博物馆文创是一种转化能力，“如果国宝会说话”“舌尖上的中国”也是一种转化能力，它们的共同特点就是故事化、生活化和场景化。文化馆的艺术普及门类十几种，还有体现当地传统生活方式的若干非物质文化遗产，做好这些文化艺术资源线下和线上结合的转化，我们文化馆的地位和优势毋庸置疑不可替代。

从文旅资源融合的角度来讲，旅游中的文化必须是符号化的，看得见摸得着的，文化内容必须用与旅游相关的符号表达出来。将来文旅融合的公共产品和服务，可能大部分都是故事化、生活化和场景化的。这就对我们公共文化资源转化、内容创新、形式创新提出了新的要求。

二、公共文化服务与旅游融合发展现状分析

协同推进公共文化服务和旅游公共服务、为居民服务和为游客服务，发挥综合效益，是深化文化和旅游融合发展的重要内容。自文化和旅游部组建以来，文化和旅游各行业遵循“宜融则融、能融尽融、以文促旅、以旅彰文”的原则，加快文旅融合发展步伐，产业领域的文旅融合高歌猛进，公共服务领域的文旅融合也在逐步推进，但整体上进展比较缓慢。

从各地的政策指导来看，文化和旅游部组建以来，陕西、浙江、广东、

山西等省制定了文旅融合发展的指导意见。这些指导意见聚焦产业融合提出了一些政策措施，在公共服务领域，侧重博物馆、美术馆、纪念馆、科技馆等与旅游的融合，针对文化馆（站）和旅游融合的思路还比较缺乏、措施也比较少。总起来看，包括以下三个方面：一是拓展文化设施的旅游服务功能。如鼓励文化场馆对游客开放、对旅游景区和旅游线路进行推介、把具备条件的公共文化场馆打造成为“文化客厅”等；二是活跃基层文化机构的旅游服务。如鼓励在社区文化活动中心建立旅游信息服务点，利用节庆假日组织指导镇街、社区开展游客参与性强的主题文化活动，营造浓厚的文化氛围等。其中，共识度很高的一项举措就是，鼓励和支持有条件的行政村（社区）结合基层综合性文化中心，建设文化和旅游公共服务中心；三是推进公共文化服务进景区。如丰富景区、度假区、乡村旅游点以及游客集散中心等旅游场所的文化元素，组织开展文化惠民服务，增加文化体验项目，把旅游公共场所打造成传播文明、体验文化和展示风土人情的重要窗口等。

从各地的实际做法和初步探索来看，和上述政策指导提出的措施匹配对比较高。一是新建文化馆、站、基层中心设施，一些地方因地制宜和旅游基础设施共建共享。如贵州省盘州市全域旅游游客集散中心，同时建设包括文化馆、图书馆等在内的文化艺术中心。浙江省象山县溪里方村依托文化礼堂建立文旅服务中心，把游客服务、文史展览、乡村文创、艺术普及讲习所等结合起来，使其具备了为乡村文化服务和旅游服务的双重功能。二是公共文化服务进景区。如北京各区在公园、游乐园等景区举办庙会灯会、惠民演出、展览讲座，如石景山区各街道社区综合文化中心通过发放宣传品、开展旅游咨询、主题分享活动等方式为游客服务。有的街道文化中心还与旅行社或其他旅游企业合作，在街道社区举办“星空旅行”“解密南非”“带着图书去旅行”等旅游攻略和旅行文化讲座等。三是开拓特色群众文化活动新空间，形成城市文化特色。如成都市文化馆组织和推动“街头艺术表演”，深圳开展“街头艺术四季FUN”，哈尔滨开展“街头文艺”等。这些群众文化活动在营造城市氛围、活跃文化生活、宣传城市形象等方面形成一道风景线。

总起来看，文化馆和旅游的融合，落后于产业领域的文旅融合，也落后于博物馆、美术馆、纪念馆、科技馆等公共文化设施的文旅融合。造成这一现状的原因，我以为有如下几个方面：第一，公共文化服务和旅游公共服务的运行机制差异比较大。公共文化服务，实际最大主体还是文旅部门统领下的文化事业单位，旅游公共服务没有成系统的事业机构来做，基础设施、信息咨询服务、安全保障等公共服务，以财政资金支持的公共项目形式直接下到景区、城市和旅游目的地，由投资公司或景区直接来建设和运营。第二，公共文化服务和旅游公共服务范畴差异很大。服务对象、服务区域、服务内容、服务形式等都有不同。目前，旅游公共服务主要包括旅游公共服务基础设施（如公共景观、特色街区、休闲绿地、旅游厕所、游客集散中心、旅游标示等）、旅游公共信息服务（如旅游咨询服务中心、网络信息服务、旅游解说服务等）、旅游便民惠民服务（如面向公众的旅游消费优惠券、旅游年票套票、特殊群体优惠等）、旅游安全保障服务（如旅游安全监测、旅游应急值守和服务等）。除了旅游公共信息服务具有明显的融合性之外，其他旅游公共服务和我们目前的公共文化服务相融性并不强。第三，与博物馆、美术馆等相比，文化馆缺乏明显的文旅融合结合点。

我之前在研究中从融合程度层面提了几个文旅融合概念：一个叫“强融合”，比如部分文化产业和旅游的融合；一个叫“弱融合”，就是独立性很强的行业，如文化产业中属于制造业的部分文化装备制造，经过特殊的创意也可以融合，但它主要功能是生产制造。一个叫“软融合”，是指软实力的融合，是一个文化价值观、文化传播、文化形象的直接或间接的融合，我觉得公共文化服务和旅游融合主要是这样一种软融合。博物馆、美术馆、科技馆、纪念馆等，是因为在文物展览、美术精品鉴赏、科技展示、红色或历史名人旅游等方面有比较明确的文旅结合点，同时又有国家支持的免费开放政策，旅游自然就会无成本或低成本地介入。但是文化馆没有这样明确的结合点。疫情期间，公共文化服务和旅游的融合程度很低，没有形成相互补充、相互借力、合力服务群众的优势。除了在线展览、在线授课之外，公共服务领域的文旅融合问题，主要还是没有在两者间找到最大公约数和最佳结合点。2020 年文化和旅游工作的主线依然是文旅融合，公共文化服务领域要加快促进与旅游融合，需要我们先行动起来，进行公共文化服务创新。

三、文化馆公共文化服务和旅游融合发展的路径思考

文化馆的基本职能是文化和艺术普及，文化馆和旅游融合主要是解决在文化和艺术普及方面如何为居民、为游客双重服务的问题。从总体思路上来讲，要以全民艺术普及为中心，一方面探索文化馆如何为旅游赋能；另一方面探索旅游如何为文化馆赋能，两方面结合起来就是“以文促旅、以旅彰文”。公共文化服务和旅游服务，有可以融合的一面，也有相对独立的一面，在文旅融合中要尊重这一规律。同时，部领导也强调，文旅融合要解放思想、大胆创新，特别是基层一线文化和旅游部门的同志要积极探索，敢于摸着石头过河，从实践中找到文化和旅游融合发展的有效路径。目前，公共文化服务与旅游融合发展，部里还没有明确的政策指导，旅游发展对公共文化服务的机制运行还不够了解，需求还不够旺盛。这时候，恰恰需要我们文化馆人主动对接、大胆创新、探索路径。关于具体路径，我谈三个方面：

（一）分级分类、因地制宜，开拓文化馆站设施的旅游服务功能

全国 3.8 万多家文化馆站，层级不同、城乡不同、规模不同、服务能力不同，所在地的旅游发展情况也不同，在文旅融合方面需要分级分类因

地制宜地。

一类是各级文化艺术中心与旅游融合。区（县）级以上的新建文化艺术中心基础设施好、周边环境好、公共文化服务功能齐全，有的已经成为本地周末、假期居民休闲的“文化高地”。可以从文旅融合层面拓展旅游服务功能，特别是在全域旅游发展中，有可能打造成为旅游打卡地。比如广东省提出要推动有条件的博物馆创建A级景区。

一类是乡村旅游条件比较好的地方，是文化和旅游基础设施融合建设的着重点，可以把基层综合性文化中心朝着文旅服务中心的方向来建设，发挥服务乡村振兴战略、建设乡村公共文化服务体系、文化艺术扶贫、丰富乡村旅游文化内涵等方面的作用。

一类是把文化馆总分馆制中的分馆、站点建设，与景区景点、咨询服务点、游客集散中心的文化活动结合起来。

（二）着力推进艺术普及创新和旅游的融合

这是我们目前可以着力去探索的领域。我认为包含了以下五个方面：

一是文化信息和旅游信息传播的融合。权威、可靠、亲民的信息平台，导引作用极强。目前旅游信息绝大部分是旅游企业平台和游客点评方式提供，虽然现场感强、即时性强，但存在目的地文化信息不详、不实、不准等问题，可以有针对性地构建本地“旅游文化景观地图”，做本地文化和旅游“看点导航”，发挥文化信息和旅游信息融合传播推广的作用。

二是通过艺术普及的故事化、生活化、场景化和旅游融合。要把艺术普及活动本身做成系列文化旅游产品。比如把非遗传承、技艺展示故事化或场景化；比如在景区或本地标志性历史建筑、风情街、遗址遗迹等，把艺术普及和群文活动场景化；比如在重要节气、节日，把艺术普及、民俗活动还原到一条街道、一个小区、一个家庭的日常生活中。有故事、有场景、有生活，不仅当地居民爱看，游客也爱看。

三是参与文旅消费新空间建设。主客共享的文旅新空间是文旅融合新概念，恰恰我们的艺术普及和群文活动有最丰富的资源。实际上很多城市的群文活动区域，特别是中心广场、滨河公园等，已经成为激活旅游夜经济、游客体验本地文化生活的重要内容。下一步可以从游客服务角度进一步布局，使之品牌化和特色化。同时，也可以与景区、旅游企业等合作，在景区开拓文旅消费公共空间，一方面可以让艺术普及、非遗传承、群文活动在更美更好的空间里开展，另一方面活动本身又场景化了，本身又成为游客可观、可赏、可参与的体验活动。当然，也可在一些商贸文娱综合体等大型场所开拓这样的新空间。

四是参与文化旅游新业态建设。目前，文化旅游已经有红色旅游、旅游演艺、文化遗产旅游、主题公园、文化主题酒店等业态，博物馆、纪念馆、遗址遗产等文保单位已参与其中，文化馆馆舍和馆内资源目前大多数不具备旅游条件，我们要抛开接受游客到馆内参观的思路，从动的角度来考虑，比如节庆旅游是文化旅游的一种重要形式，文化馆在这一方面还有很大发展空间。比如浙江省丽水市的乡村春晚就可以朝着打造“乡村文化节庆旅游”品牌的方向走，街道、社区的各种文化节，从旅游服务的层面也可以培育出一些文化旅游新业态。

五是参与旅游文化建设。旅游文化既包括文明出行、文明交往、尊重目的地居民及其生活方式习惯、资源保护意识等文明旅游的内容，也包括旅游企业诚实守信、竞争有序、人性化服务、对目的地传统文化的尊重、生态资源保护等企业文化建设。旅游文化建设为公共文化服务增添了新的文化责任和使命，也是文化和旅游市场监管必不可少的补充。从旅游文化公共服务的长期性来看，文化馆（站）将来有可能承担起这一职能，成为一个文旅公共服务事业机构，招募文化和旅游志愿者参与本地旅游文化建设。

文化馆和旅游融合发展要量力而行，先盘活存量，再发展增量，坚持把调动积极性、文化馆业务人员自觉性、文化志愿师资参与性结合起来，成系统、成系列地逐步把艺术普及融入旅游服务之中。

（三）促进文化馆与旅游融合发展的政策创新

在目前现有的国家法律法规和相关政策体系中，博物馆、遗址遗迹文保单位、纪念馆等因为涉及社会教育的特殊功能，相关政策对博物馆文创、博物馆旅游以及研学旅行等有相关支持措施，但文化馆与旅游融合发展的政策指导几乎没有。长远一点看，将来有可能把旅游公共服务纳入公共文化服务体系，统一构建文化和旅游公共服务体系。这将涉及修订《中华人民共和国公共文化服务保障法》《中华人民共和国公共图书馆法》《中华人民共和国文物法》《中华人民共和国旅游法》等法律法规。稍近一点看，相关部门或社会组织可能启动文化和旅游融合发展的标准化体系建设，这样自然就有了工作开展的依据。就目前来看，在国家和各地政府文化和旅游“十四五”规划、各地还会陆续出台的文化和旅游融合发展指导意见等方面，将会有一些对文化馆和旅游融合发展的一些原则性引导。

作为一个文化政策研究者，我个人建议：一是副省级以上文化馆要积极参与本地政策调研和意见，争取把文化馆系统促进文旅融合的路径和措施写进去，这样便于争取到政策支持；二是发挥中国文化馆协会等社会组织作用，汇聚专家学者和文化馆系统内的力量，形成一些政策创新研究成果，为文化和旅游部提供决策参考；三是文化馆系统不要等、靠，还是要通过实践创新来促进政策创新和政策支持。

在线互动交流

主持人：我们已经把毕老师请到了网络直播间。毕老师，您好！

毕绪龙：主持人好！

主持人：自 2018 年国务院机构改革文化和旅游部成立以来，按照“宜融则融、能融尽融”的原则，无论是我们公共文化机构，还是各类旅游机构，都在探索如何携手发展。今天您带来的分享也非常聚焦，从疫情检验公共服务的三大能力开始，分析了当前公共文化服务和旅游融合发展的现状，为文化馆和旅游融合发展也指出了几条路径，其中还有很多案例分析，让我们开拓了思路和眼界。因为时间的原因，我想从前期的主题征集和网友在互动区的留言当中，选几个问题请您在线解答一下。

我注意到，您在分析融合发展的现状时多次提到，当前公共文化与旅游的融合，侧重的还是博物馆、美术馆这样的公共文化机构，针对文化馆和旅游的融合，工作思路好像比较缺乏，而且措施也比较少，当然您也分析了原因，比如您说到运行机制的差异，公共服务范畴的差异，还有缺乏明显的融合点，等等。但是我个人一直觉得非物质文化遗产的保护和传承是一个挺重要的突破口，它恰恰具备您刚才所说到的故事化，还有独特的本土文化等优势。比如福建省艺术馆，也是省级文化馆之一，它在福州市著名的景点里有一个非物质文化遗产展厅，经常门庭若市，是游客们打卡旅游的必经之地。有馆员在征集主题的时候留言，他希望有嘉宾就非物质文化遗产与现代产业相结合的新思路，如何促进文化产业进万家，如何来提高群众对文化旅游的关注与了解等问题讲一课。我知道您在文化产业和文旅融合方面都有比较深的研究，可否借此机会为我们的馆员解答一下。

毕绪龙：《中华人民共和国公共文化服务保障法》明确了包括文化馆在内的公共文化机构有传承中华优秀传统文化的基本职能，大多数文化馆参与了本地非物质文化遗产普查工作，这让文化馆通过非物质文化遗产传承保护来开展公共服务领域的文旅融合有了突破口。文化馆可以从以下几个方面来开展相关的工作。

一是可以借助非物质文化遗产资源参与本地的旅游宣传推广。目前各地的旅游宣传推广普遍没有利用好非物质文化遗产资源，文化馆可以通过开发利用非物质文化遗产普查资料，与本地政府、文旅部门及相关媒体合作，把生动形象的非物质文化遗产内容融入本地旅游推广中，呈现本地文化特色，发挥“以文促旅、以旅彰文”的作用。

二是可以和景区合作通过非物质文化遗产传承保护做旅游服务。现在很多景区已经主动把非物质文化遗产技艺展示、产品展览等作为让游客体验、参与、消费的重要文化旅游内容。文化馆可以充分利用自身优势，在景区做非物质文化遗产传承保护公共服务，借助景区人群聚集、辐射面广的特点，弘扬、宣传、推广本地传统文化。

三是可以充分利用非物质文化遗产传习所、非物质文化遗产展厅、非物质文化遗产馆等设施，打造非物质文化遗产旅游“城市名片”。非物质文化遗产是活着的遗产，涉及民族民间生产生活方式的方方面面，内容和形式都十分丰富。可以借鉴博物馆旅游的经验做法，同时注意体现非物质文化遗产的特点，建设具有旅游服务功能的非物质文化遗产旅游场馆，打造旅游经典路线上的文化景观，创造一张新的“城市名片”。

四是可以通过参与非物质文化遗产传承保护区域性建设和旅游融合。比如文化生态保护区、国家文化公园建设等，其中包含若干文化旅游空间建设和项目建设。文化馆可以抓住这些新文化区域建设机遇，将非物质文化遗产传承保护融入其中，促进文旅融合。

五是可以参与非物质文化遗产扶贫工作并探索和旅游融合。非物质文化遗产技艺传承和旅游结合是文旅扶贫的重要方式，文旅系统的“非遗扶贫工坊”项目已纳入国家扶贫项目范围并在积极推广。文化馆也可以通过一些渠道下沉到基层，有针对性地开展非物质文化遗产技艺传承以及旅游对接工作，发挥文化扶贫的积极作用。

非物质文化遗产和现代产业结合的思路问题，也是很重要的一个方面。非物质文化遗产是活的遗产，需要融入现代日常生活，“见人、见物、见生活”地开展传承保护，所以有“生产性保护”的概念，这就势必和产业、商业发生联系。在这里，我梳理一下目前国内的一些做法，希望能给大家有所启发。

一是非物质文化遗产博览旅游。比如现在我们有成都国际非物质文化遗产博览会、济南中国非物质文化遗产博览会，各地也举办一些非物质文化遗产展览活动等。这些博览会和展览活动既是非物质文化遗产展示、传播、宣传、推广的平台，又是非物质文化遗产产品的交易平台，还是非物质文化遗产爱好者的旅游打卡地。

二是非物质文化遗产产品生产销售。非物质文化遗产物品是它的实物表现形式，有一些实物品种如医药、食品、饮品等和现代日常生活结合紧密，剪纸、刺绣、工艺陶瓷等仍是当代艺术生活的组成部分。很多非物质文化遗产传承人或对非物质文化遗产感兴趣的投资者，把这样的一些非物质文化遗产实物量化生产销售，并把产品销售和旅游消费结合起来，形成了非物质文化遗产旅游消费的一种业态。

三是非物质文化遗产文创。与非物质文化遗产实物生产销售不同，非物质文化遗产文创是另一种利用非物质文化遗产元素进行文化创意设计、生产和消费的业态。一些创意设计师或创意设计公司，一方面专门研究一些非物质文化遗产实物，将非物质文化遗产实物变形并设计成为现代产品，融入日常生活消费；一方面撷取非物质文化遗产实物的图案、花纹、外形等文化元素注入现代日用物品，形成新的文创产品，增加产品的文化附加值，同时和旅游消费对接。上述这两类非物质文化遗产产品都和旅游紧密相关，这些产品的连锁店或销售场所很多设置在机场、旅游景区、游客集散中心及商贸综合体，可见它和旅游关系密切。从文创产品和旅游商品融合发展的角度来讲，这些非物质文化遗产实物产品和非物质文化遗产文创产品还具有一个特殊的意义价值，就是有助于改善景区景点旅游纪念品千篇一律的状况，这也是文化产业和旅游融合的一种方式。

四是打造非物质文化遗产旅游新空间。在近几年的特色小镇建设中，有一些地方探索建立“非遗旅游小镇”，如果能够将非物质文化遗产展示、非物质文化遗产体验、非物质文化遗产艺术表演、非物质文化遗产产品消费等创意做好，和当地自然风景、民宿等结合好，营造非物质文化遗产旅游新空间，也会成为凸显本地文化特征的文化旅游新业态。比如开封的“小宋城”景区，汇聚全国非物质文化遗产特色小吃，打造开封“城市客厅”，成为打造非物质文化遗产旅游新空间的典型之一。

另外，互联网等新信息技术衍生的文化传播交流线上平台越来越成为文化和旅游融合发展的重要媒介。比如在短视频行业，抖音去年推出“抖音非遗合伙人计划”，助力非物质文化遗产传承人参与的流量支持，打造非物质文化遗产传播开放平台。这样的一些在线平台，将来也会成为非物质文化遗产和相关产业结合的在线新业态，不仅仅是技术支持，而是整合“内容”，储备和打造 IP，形成文旅融合上游和前端。

主持人：谢谢毕老师。

第二个问题，尽管文旅融合的解决方案、文化馆的解决方案目前还不是很多，但刚才您在讲座中，已经为我们提出了一系列的意见和建议，特别值得我们研究和学习。有网友在留言区提了一个问题，他问在文旅融合的背景下，文化馆的服务视野再拓展还有哪些拓展领域？这实在是刨根问底的节奏，毕老师您能否再做进一步的解答？

毕绪龙：好的，主持人。文化馆的基本职能和服务视野，从开始的边界较宽到聚焦于艺术普及，其基本职能有了一些变化。从近几年来看，文化馆的服务和发展，受到三个方面的挑战：一是文化馆面临事业单位深化改革的具体形势；二是文化馆和其他公共文化机构共同面临着以互联网、物联网、人工智能、大数据、5G 等为代表的信息革命的挑战，这也是我们在强调文化馆服务要适应新技术、运用互联网思维的根本原因；三是文旅融合带来的挑战，文旅融合势必为文化馆带来业务增量，同时我们对这些业务增量又不太熟悉，这就意味着文化馆在发展方向、服务视野拓展等方面需要一个适应过程。关于这个问题，我提供给大家三方面的思考方向：

第一，要树立旅游公共服务意识。目前文化馆开展文旅融合的政策还不多，各方面的探索还不够多，示范性做法也比较少，这就需要文化馆尽快探索创新。适应文旅融合新要求的前提就是首先要有一种旅游公共服务意识，这是一个理念上的转变。

第二，要提升专业化水平。推动公共服务的文旅融合，既是文化馆的新任务，又是文化馆发展的新方向。文旅融合是一个系统工程，各环节对接比较复杂。越是这样，我们越应该积极探讨，集思广益推进这方面的工作，需要进一步提升我们的专业化水平。文化馆人热情很高、文化情怀很浓，勤于学习、善于学习，这个时候应该把能力发挥出来，勇于接受新业务、开拓新业务。

第三，要加强对文旅融合复合型人才的培养。文旅融合必然带来人才队伍结构优化问题，目前来看文化馆急需文旅融合复合型人才。文化馆作为事业单位，通过扩编引进的办法不太现实，主要依靠单位自身进行内部培养。

主持人：谢谢毕老师。有网友在留言区当中提出这样一个问题，在文旅融合过程中，文化馆公共服务既要服务居民，又要服务游客，如何处理好居民服务和游客服务的关系？

毕绪龙：这个问题比较有意思。这个问题可能是文化馆在文旅融合业务探索中首先想到的问题。我个人认为这个问题不是一个理论问题，主要是个实践问题。从服务对象方面来讲，在文旅融合过程中，文化馆服务无非就是三种：一种是服务本地居民，一种是服务游客，一种是本地居民和游客同时服务。这三种服务在一定的工作安排和布局下，在具体实践中不会存在太大冲突和问题。

一是为本地居民服务。文化馆的基本职能就是艺术普及，自然为居民服务是应当的，也是很熟练的。近几年我们对居民服务的水平、效能也逐步提高。我们为居民服务的艺术普及工作，有些和旅游关系不是很密切，它具有相对独立性，这些独立性比较强的服务，自然是以本地居民服务为主。没有必要让所有艺术普及工作都去和旅游融合。

二是同时为游客和居民服务。刚才我在授课中讲的一些路径，都是在“宜融则融”原则下，结合一些可能的“公约数”和“结合点”而做出的思考和引导。文化馆同时为游客和居民服务的区域和内容恰恰可能就是在这些“公约数”和“结合点”上。比如河南省新县田铺大湾传统村落的“创客小镇”，我调研时和当地的文旅局领导和投资方交换过意见，把农家书屋、县文化馆分站点和项目的少儿动漫馆共建共享，双方都认为是“双赢”。投资方特别希望有本地的小孩、老人在这里活动，特别需要这种文化生态。所以说当我们的文化馆人到景区开展这样的公共服务的时候，不仅不麻烦还很有意思。

三是专门为游客服务。在文旅融合过程中，文化馆的业务有一些可能和艺术普及或其他工作联系不是很密切，而是专门为游客服务的。比如文化馆做本地的公益旅游推广，是作为公共服务参与其中，是为了弘扬传承本地优秀传统文化，同时也为了本地旅游经济发展，这也是文化馆将来公共服务的内容。类似这样的工作，是专门为旅游服务、为游客服务的。

总体来讲，公共服务领域的文旅融合毕竟为文化馆带来了新的业务增量和新的服务对象，在具体业务的开展中还是要做好科学协调。

主持人结束语

感谢毕绪龙老师悉心解答。文化和旅游的融合为我们展开了“诗和远方”的新画卷，目前，这幅画卷还有很大的空间留白，等我们用理念创新、制度创新、服务创新去描绘、去延展。那么我们也期待，这幅画卷上留下我们文化馆行业的精彩一笔。

让我们再次感谢毕老师的精彩授课！

网友留言精选

1. 非物质文化遗产是文化馆和旅游融合的一个结合点。

2. 共同学习，大胆设想，敢于创新，使公共文化服务和旅游的融合发展得到提升。文旅深度融合还有很大的发展空间。

3. 文化馆对旅游提供公共服务，恩施市一直这样。

4. 旅游搭台，文化唱戏。公共文化服务创新都要结合线上线下，服务主流人群。

5. 文旅深度融合是一个复杂的进程，不好讲！毕老师讲得很好，受益匪浅！

讲座与互动视频二维码

第七讲

文化驿站

——把总分馆建成市民精神文化的加油站

主讲人简介

柳升高，温州市文化广电旅游局党组成员、副局长。曾为武警部队上校警官，全军文化工作专家组成员。长期从事政治、文化工作实践与研究，推出了政治教育十大创新示范课程等成果。转业地方工作后，以创新工作方式组织《温州通史》编纂及古典戏剧保护传承，致力于公共文化服务创新实践探索，推出了城市书房、文化驿站、读书会联盟、乡村艺术团等多项国家和省级公共文化创新品牌示范项目，为建设文化温州、创建国家公共文化服务体系示范区作出积极贡献。

主持人开场词

改革创新，群策群力，共谋发展！

文化馆站的各位同人、各位网友：

欢迎收看由中国文化馆协会主办、国家公共文化云技术支持的“文化馆事业发展的思考与讨论”直播第七讲。我是本次讨论的主持人——中国文化馆协会秘书长赵保颖。

今天，我们请到的主讲嘉宾是温州市文化广电旅游局党组成员、副局长柳升高。柳老师曾经是一位武警部队的上校警官，长期从事政治、文化领域的实践与研究工作，转业到地方工作后，特别是近年来，着重致力于公共文化服务创新探索，推动了温州市的城市书房、文化驿站、读书会联盟、乡村艺术团等多项国家和省级公共文化创新品牌示范项目。他将给大家分享的主题是“文化驿站——把总分馆建成市民精神文化的加油站”。

主讲人授课的过程中，大家可以通过播出界面的互动区提问、留言。课后，我们将连线柳老师，与大家互动交流。当前，疫情防控工作还不能放松，所以提醒大家在收看直播时尽量减少聚集或做好防护。

“文化馆事业发展的思考与讨论”第七讲现在开始。

讲稿精粹

“文化驿站”是温州市继城市书房之后推出的又一公共文化创新品牌，项目理念是“建成市民精神文化生活的加油站”，从2015年启动至2019年，温州市共建成“文化驿站”70家，成为“强信心、聚民心、暖人心、筑同心”的文化新地标。

"文化驿站"建设打破了"区县文化馆—街道综合文化活动中心—社区文化活动室"的单线模式，在公共服务上统筹培训、辅导、展览、创作、孵化等多元功能，在服务领域上实现从城市到乡镇、农村的全覆盖，发挥了"市民精神文化生活加油站"的社会效能。

"文化驿站"项目得到了文化和旅游部、浙江省文化和旅游厅有关领导和专家的充分肯定。2019 年 9 月，雒树刚部长在一次重要会议上强调："要建立健全公共图书馆服务体系，广泛动员社会力量参与，大力推广'城市书房''文化驿站'等典型做法"，其中提到的两项创新项目"城市书房"和"文化驿站"都是温州推出的创新项目。

一、"文化驿站"的创意由来

其一，传统意义上，群众文化活动往往是单向输送式、群体娱乐式、简单体验式，参与对象获得比较表面、瞬间的感观愉悦，缺少思想渗透式、精神浸润式的深层体验，参与对象往往以老年人和未成年人居多，而都市年轻群体、知识分子等社会精英阶层参与不多。这引起了我们对公共文化活动的一些反思，都市年轻群体如果不参加文化生活，文化活动是有缺陷的。

其二，在上海工作时，五光十色的各种文化激荡中，最让人难以忘怀的文化活动是上海博物馆的文化沙龙，这是一种以文物鉴赏为主题的文化沙龙。这样的文化活动对人的影响有时候是长久的，甚至会是一辈子的。

其三，个人在部队的工作经历埋下了政治教育和文化工作创新思维种子，到地方工作后，尝试对公共文化一些习惯性的做法进行探索性的创新实践，取得了一定成效。例如，从 2013 年开始，在分管工作领域推出了一系列创新举措，包括市民文化节、全民阅读节、城市书房、文化驿站、读书会联盟、乡村艺术团等。"文化驿站"就是在这样的背景下应运而生，是和同事们在工作调研的车上讨论设计出来的创新项目。

二、“文化驿站”的目标定位

设计这一项目的定位是：打造适合都市年轻群体参与的文化沙龙，让行色匆匆的都市年轻人慢下脚步，享受文化带来的慢生活。用我们公共处处长的话讲，就是：文化驿站——把日子过成诗。

1. 为什么叫“文化驿站”

驿站是古代商道上用来临时歇息，为马补给养料的场所。文化驿站，顾名思义，就是为人们提供精神文化养料的休闲场所。

2.“文化驿站”的工作目标

两个字——“吸粉”！当初设计主要针对的就是年轻群体。让年轻人参与文化活动，成为有人文素养的一代新人，我们的国家、民族才能希望，充满活力！

3.“文化驿站”的功能定位

五句话十五个字：时尚化（创意理念）、休闲式（场所氛围）、体验版（活动样式）、互动型（品质追求）、文艺范（目标追求）。

三、“文化驿站”的发展历程

（一）初创探索阶段（2015—2016）

温州市文化馆采用“1+10”模式，开设1家总站，逐个设置10个不同主题的文化分站。“文化驿站”利用社会闲置场地，建设各具特色、主题鲜明的分享空间。这些场地包括文化馆、图书馆、博物馆、名人展示纪念馆、机关及国有企事业单位可利用的公共区域等。

（二）扩面升级阶段（2017—2018）

在此阶段，“文化驿站”演变为“1+10+N”模式，面向社会展开合作。温州有大量的地方资源，吸纳社会力量加盟并将“文化驿站”植入书店、咖啡吧、影剧院、茶座、旅客中心、民宿甚至是商场等社会设施场地，加速“文化驿站”的布点推开，数量由原来的10家增加至30余家，有企业、社区、街道等加盟，形式多样。社会力量的加盟为“文化驿站”的活动注入了活力，它是社会力量办文化的一种集中体现。温州市70个文化驿站中大部分都有社会力量参与，他们是开展文化活动的主力军。

2017年，为了进一步鼓励更多的社会力量加入到“文化驿站”建设，出台了《关于推进全市文化驿站建设的实施方案》，明确文化驿站建设可以延伸到文创园区、影院、民营书店、民宿、茶座、咖啡吧等社会场地。区（县）文广旅（体）局负责选址、制订方案、验收督察等工作；企事业单位、社会团体等社会力量作为文化驿站业主单位，负责提供场地、水电、网络等设施设备，以及日常活动组织、管理和维护工作。责权理清晰后，社会力量加盟后也纳入文化系统的管理体系，社会单位申请建设“文化驿站”须符合有关标准，如：总面积200—500平方米，符合消防安全规范，设备齐全，有焦点区域、展示展览墙等，并在站点门口醒目位置设置统一的LOGO标牌或灯箱。并要求每个站点在服务功能配置上力求个性化，探索出一条全方位覆盖、高效能运行、可持续发展的“文化驿站”建设新路子。

2017年开始，“文化驿站”建设工作被纳入市政府为民办实事工程，建设呈现出成规模、成批次、高规格发展的态势，每年市政府给予“文化驿站”280万元左右的财政支持，用于每个站点的长效运维补助和活动配送的资金扶持。

（三）并轨提质阶段（2019—2020）

“文化驿站”建设拓展为“1+10+N（社会力量参与）+X（向乡镇村社延伸）”模式。

第一步，将“文化驿站”打造成微型文化馆，这也是文化馆总分馆制建设的目标。原来的“文化驿站”更像文化沙龙，既然以总分馆制的模式推行，就要具备文化馆的功能，所以要让“文化驿站”在提供公共文化分享空间的同时，还具备文化馆应有的培训辅导、讲座导赏、展览展示、场所预约等能够培育社会团队、培育文化分享人、成为地方文化建设孵化器的功能。

第二步，将“文化驿站”理念植入乡镇和村社已有的文化分馆、分站点，全面提升乡镇村社分馆（站）的文化品位。原来的乡镇文化中心、村文化站提供的公共文化服务相对来说偏老年化，群体性的唱歌跳舞更多，而“文化驿站”开展的是符合年轻人的、高品质的文化活动。我们把这种理念植入到乡镇文化分馆和村文化分站，使得文化活动得到全面提升。

第三步，将“文化驿站”的工作理念延伸至乡村艺术团。乡村艺术团是温州市近两年推出的公共文化创新项目，目标是让所有有条件的村都能建起一个艺术团。这是温州市致力于创建国家公共文化服务体系示范区、全面提升基层公共文化服务效能的手段，目标是让温州市 5000 余个行政村实现全覆盖，现已完成 70%，2020 年将实现全覆盖。具体做法是让每个村的文化达人组成一个乡村艺术团，进驻到已经建好的文化礼堂、文化中心，场地可免费使用，为村民提供公共文化日常服务，也负责日常免费开放。这是实现优势互补和资源共享的过程，是温州吸纳社会力量参与公共文化建设管理的有效手段，是打通公共文化服务“最后一公里”的手段。项目获得了专家的高度评价，李国新教授认为，“该项目可以实现村民自我创造、自我表现、自我服务、自我教育”。将“文化驿站”的理念植入到乡村艺术团这一做法的目标，是希望乡村艺术团建设起来以后，开展的活动也更加“文艺范”，不仅仅是唱歌跳舞，希望能开展如电影分享会、阅读导赏、展览讲座等活动，使村级文化活动效能有所提升。这个过程虽然做起来难度较大，但从目前推进情况来看，效果还是好的，受到村民欢迎。在推进过程中，有在外经商的温州人对此非常支持，投入资金、服装道具，有在外的文化达人专门回来指导当地的乡村文化活动，这些宝贵的公共文化财富极大地提升了基层公共文化的整体质量，是非常有意义的尝试，而且有潜力值得继续深挖。

四、“文化驿站”的运营管理

第一，政府引导性投入、顶层设计、属地管理、考核激励，使得“文化驿站”项目运作进入了体制框架内的良性循环。将该项目纳入考核机制，建立评星级制度，对于好的站点有奖励措施，政府引导性投入撬动更大的社会资源投入到公共文化中。

第二，文化馆系统网格化管理、下沉式帮带、点单式配送、全市域调配，使“文化驿站”全程纳入了总分馆的有序运行体系，确保它不会游离于管理之外，也不会单独开展不着边际的活动。例如，每个驿站的活动方案制定好以后，要提交给所在地的上级部门进行审核，相应的文化馆和网格员要对其进行业务指导，对活动进行把关、定向。

第三，社会力量参与场地提供、活动组织、宣传发动、安全管理、志愿服务，使“文化驿站”具有了融合社会力量共同建设，参与长效管理的运行方式。通过连锁化运作、一体化管理，社会力量在提供场地的同时，参与活动组织、宣传发动、安全保障，以及配套的志愿者服务，实现体系化和规范化的运营管理。

五、“文化驿站”的特点

“文化驿站”和一般意义上的总分馆制建设相比较有一定差别，“文化驿站”如何体现总分馆？文化馆总分馆制建设的目的是提升基层公共文化服务效能，提高基层公共文化设施使用率，温州“文化驿站”项目较好地实现了这一目标，激发了基层开展公共文化的活力，使基层的公共文化活动呈现出一些崭新和鲜明的特征。

第一，在充分用好系统内市、县、乡、村四级文化设施网络基础上，有效整合了部门、单位、企业、个人的可利用场地和资源，拓展了公共文化的覆盖面。原来的服务覆盖面主要是在系统内，现在拓展到系统以外的阵地，更加符合《中华人民共和国公共文化服务保障法》的要求。

第二，吸纳社会力量参与公共文化建设与管理，拓宽了公共文化产品的提供主体，提升了公共文化的社会参与面与影响面，减少了政府财政投入和事业管理方面的压力。社会力量参与进来后，公共文化产品提供方呈现出多元化的趋势，很多社会力量投入进来提供公共文化产品，跟文化馆长期以来提供的一些歌舞类或短平快的文化产品相比大不相同，有社会力量参与的文化活动的吸引力和社会影响力也是不一样的，特别适合年轻人。

第三，吸引大量社会人才、各界精英自愿加盟，激发了组织开展公共文化活动的创造活力，增强了公共文化的吸引力和渗透力，提升了公共文化的品位。这给"文化驿站"带来意想不到的效果，原来是想吸引年轻人进来，为年轻人提供更加时尚化的文化活动，让他们来当我们的粉丝。现在看来，一定程度上，我们成了他们的粉丝。社会人才、社会精英加盟进来，用他们的知识、眼界为公共文化服务注入大量的新知识、新动能，为公共文化的吸引力、感染力的提升带来质的飞跃。

第四，营造了舒适时尚的人文环境，增强了公共文化的吸引力和渗透力，提升了公共文化的品位，为改善城乡居民生活品质提升了新动能。"文化驿站"的环境幽雅舒适，进来后有轻音乐、软座，不像传统意义的文化场所那么古板，舒适的环境可体验、可欣赏、可品味，给市民业余生活提供了新的选择。

六、"文化驿站"的几点启示

1. 精准服务是市民所向。精准服务是近年来社会经济发展领域反复倡导的用词，从公共服务角度来讲，如何提供更加精准的服务，是这些年来各级政府部门都在探索的。"文化驿站"恰恰体现了开展精准服务的必要性，目标指向非常明确，就是针对年轻人，提供时尚化、休闲式、体验版、互动型、文艺范的文化活动，吸引了年轻人和其他一些群体。这个项目受老百姓欢迎，和精准服务是分不开的，像城市书房、乡村艺术团也是开展精准服务的一个方向。

2. 文化情怀是创新关键。组织者和参与者积极为公共文化服务献计献力，不以获取营利为目的，社会组织参与过程中，通过项目提升经营者社会影响力，实现双赢的同时，为市民提供有情怀的文化服务，是城市人文精神的互相关怀、精神上的互相激励、物质上的互相支持、文化上的互相联动。

3. 社会力量是强大支撑。社会力量的加盟对原有体制内的场地设施、人员队伍、常规工作的开展，加注了内容，提升了品质，激活了队伍。

4. 规范引导是根本保障。对社会力量的参与要持续进行引导规范，通过出台有关规范，不断提升品质，实现总分馆建设的高质量发展。这种规范的引导，体现在各级文化馆加强监督、加强考核、加强面对面帮扶、加强团队培育。

在线互动交流

主持人：好，柳升高老师录播的课程结束了。我们已经把柳老师请到了网络直播间。

柳局长，您好！感谢您和两位“文化驿站”的站长带来了这场别开生面的分享。2017 年，当时的文化部、财政部等五部门联合出台了《关于推进县级文化馆图书馆总分馆制建设的指导意见》，把总分馆制纳入了文化体制改革的重点任务。这三年多来，各级文化和旅游主管部门积极探索、因地制宜地开展了大量的创新，例如重庆市大渡口区、南岸区“总馆 + 分馆 + 服务点”的模式，浙江省嘉兴市以“人”为纽带的模式，还有成都市武侯区“1+N+1”的模式，上海市徐汇区“一馆一品”的模式等。今天您分享的温州模式通过打造“文化驿站”这个文化新地标，打破行政体系层级，建起多元功能的总分馆体系，无论从品牌打造、还是服务项目设计、还是社会化运作等，都有其独到之处。所以，最新一部的文化馆行业蓝皮书将“温州市文化驿站建设”收录在内，作为地方案例供同行们交流借鉴。

因为时间原因，我从前期的主题征集以及网友在互动区的留言中选几个问题，请您在线给大家解答。刚刚您介绍的都是一些好的做法经验，有网友在留言区中提出这样一个问题：“文化驿站”在具体运行中遇到过哪些突出的困难和问题？是怎么解决的？这个问题其实我也想问。希望您能结合经验乃至教训，以及解决困难、问题的办法都跟大家分享一下，这样会助于各地复制和推广温州模式，少走一些弯路。

柳升高：在工作当中遇到的困难大致有三个方面。

第一是初创阶段的推进问题。一般创新项目初创阶段都是比较困难的，因为跟别人不同，所以要先获得社会的广泛认同。在这个过程中，我们主要是通过把已经建好的站点做出亮点、做出特色、做出品牌，把品牌的美誉度做出来，再加大宣传力度。当第一家“城市书房”建起来以后，温州的媒体马上宣传：“‘城市书房’点亮了都市阅读那盏灯。”当文化驿站建起来以后，一位处长讲：“文化驿站，把日子过成诗。”借助媒体的广泛报道，第一个阶段的困难逐步迎刃而解，从一开始的在体制内推行，到后期是各种社会力量找上门希望跟我们合作。

第二是扩面阶段活动单一化问题。有的站点活动开展时间长了以后，活动形式不变，活动翻新不够，当社会群体感观上趋向于疲劳的时候，项目就会出现问题。这个时候我们通过培训文化分享人，更大范围的整合社会资源，推动“文化驿站”项目的评比奖励、政府购买点单配送、开展站点间交流等，使各个站点互相交流学习，从而使活动变得更加丰富。每个站点的活动多元化以后，通过文化馆专业人员网格化下沉式去专门辅导，确保了它的高品质。

第三是全面铺开后的长效管理问题。目前全市已有 70 家文化驿站。当站点全面铺开后，就面临长效管理问题。“文化驿站”在做活动的时候，它是“文化驿站”，不做活动的时候，是音乐吧、咖啡吧、茶吧等。“城市书房”24小时都是“城市书房”、是实体图书馆，但是“文化驿站”不一样，所以它的长效管理确实需要有一个强大的体制支撑，我们采取了三项措施。

一是依靠市政府为民办实事工程的资金支持。对于创新项目，只要推出后有社会效益、受老百姓欢迎，温州市委市政府就会大力支持，将其纳入市政府为民办实事工程，提供一笔资金作为保障。这对每个站点的长效运营来说，有了基本的保障。

二是将“文化驿站”纳入系统年度考核体系。我们实行属地管理，对属地进行考核，实行站长负责制，确保跟站长有签约，确保每个站点的站长在管理、运营、安全保障上都有责任。

三是全市实行连锁运营，统一调配资源，使后期扩面以后，我们遇到的问题逐步得到解决。当然个别站点在运营当中可能也会出现不规范的现象，比如有的站点做着做着味道变了，出现一些商业推销的苗头。我们发现问题以后及时出台了管理规定和考核管理细则，从内容把关到整个活动流程的把关都实行属地管理，要有人审查，要有人现场把关，确保它始终处于全程监控的良性运行状态之中。

主持人：估计很多人和我一样，都学习、研究过五部委文件，我感觉您介绍的“文化驿站”似乎和文件中提到的总分馆制建设要求不太一样。例如文件当中强调，要发挥县级文化馆总馆的资源统筹作用，从文化馆向基层的乡镇文化站、综合文化中心延伸拓展。但是“文化驿站”更趋向于多元化和扁平化设计，那么“文化驿站”如何体现总分馆的特点？网友在留言区中还提到可持续发展的问题，即“文化驿站”高质量、高品位的活动，开展一两次容易，如何坚持常年长效开展活动、提供服务？我觉得这确实是个很实际的问题，有一定难度，你们又是怎么解决这个问题的？

柳升高：“文化驿站”的总分馆功能是如何体现的？“文化驿站”一开始不是总分馆的概念，它只是一种文化沙龙的形式。我们最初的目标导向是专门针对年轻人的，为年轻人提供一个补充精神文化养料的地方。后来我们逐步将其往总分馆这个方向来整合，是因为我们看到，做到最后“文化驿站”的工作目标跟总分馆是一致的。而且有专家也给我们指出，“文化驿站”实际上就是总分馆建设的特色分馆模式，这个定义相对还是比较准确的。

这些年来，我们为了把它打造成特色分馆，增加了文化馆应有的功能定位。我们提出把“文化驿站”建成区域公共文化服务的孵化器，也就是让每一个“文化驿站”都能够成为一个微型的文化馆，能够在当地辐射周边一定区域的文化活动，培养文化达人、文化志愿者、社会团队，起到这样一个作用。我们致力于让每一个“文化驿站”在坚持原有特色基础上，兼具培训辅导、讲座、导赏、展览展示、场所预约等文化馆应有的功能。

2019 年开始我们将“文化驿站”植入到原来建的乡镇分馆和农村站点，甚至延伸到了乡村艺术团。用年轻人的活力创造出文化分享活动，进入到基层，使原来乡镇、农村的传统文化方式注入了一股新的活力。这两者相辅相成、相得益彰，使温州地区的文化馆总分馆建设在原有基础上更加扩展了，大量吸纳了社会力量、社会资源，场地更多了，同时内容也更加丰富了。

“文化驿站”高质量、高品位的活动，如何坚持常年有效开展活动、提供服务？

第一，实行站长负责制，对于每个站长，在免费开放的活动场次、组织群众预约甚至直播、安全管理等方面，都有要求和相应的责任。

第二，全市建立了一个分享资源库，通过政府购买的形式实行点单配送，可以送到每一个站点。

第三，站点与站点之间实行对口交流、文化走亲。

第四，组织全市性的巡讲、巡演、巡展活动，这也是全市统筹的过程。

第五，2019 年开通了流动“文化驿站”。它像公共阅读的汽车流动图书馆一样，活动做得好的站点，在一个社区做一场活动，然后再选一个地方再做一场，一站一站做下去。

第六，招募了社会文化监督团进行监督，自我加压。通过文化志愿者、社会各界、两代表一委员，对“文化驿站”“城市书房”提出宝贵意见、建议，我们再不断改进。

第七，采取审查巡查机制。

第八，施行星级评定、表彰奖励、淘汰机制等。

主持人：“文化驿站”不言而喻是个非常好的创意，您刚才说“让老百姓把日子过成诗”，令人感到一种文艺、时尚、浪漫、年轻的气息。你们对“文化驿站”有着精准的定位，就是满足城市年轻人的文化需要。前期我们在征集选题的时候有馆员提出这样一个问题：目前农村人口减少、老龄化程度高，面对这样的现实，如何提升乡村公共文化服务水平，有什么思路和做法？我注意到您在授课当中谈到了“乡村艺术团”这个项目，温州前几年还有个“乡村文艺繁星计划”，您可否结合这些品牌项目，回应一下这位馆员的留言。

柳升高：这个问题是一个很大的问题，也是全国各级文化工作者面临的一个问题。温州是全国的一个缩影，温州既有特别发达的地区，也有比较贫困的地区。虽然它处在东南沿海经济发达地区，但是它是一个人口大市，有大量的农村人口。而且温州有大量的山区，七分山、两分水、一分耕地，这种地理环境也促使温州很多人走出去，去全国各地经商，这也是很多温州人在外打拼的一个原因。但是留守在农村的村民毕竟不是少数，这些农村人口的文化生活怎么解决？这确实是我们这些年一直在思考要去解决的一个问题。

浙江省这两年全面实现公共文化服务的标准化、均等化，浙江省内现在村居文化设施的标准化程度很高，比如文化礼堂建设将要实现全覆盖，它的意义非凡。我们每一个村都有一个文化礼堂，每个文化礼堂的功能非常齐全，而且不光是设施建起来，它的队伍建设也很规范，它的运营都有一整套体系，由当地党组织在推进。文化礼堂建起来以后，对于浙江农村地区的文化提升有了翻天覆地的变化。

温州这两年在全省工作的基础上，又做了两项探索性的举措：

第一个举措，推出温州“乡村文艺繁星”计划，即温州乡村艺术团建设。目标是在全市每一个有条件的大村至少建一个艺术团，没有条件的小村，比如对于 100 多人的小村，4—5 个村联建一个团，叫联村组团，在温州每一个村都建一个艺术团。不管你有没有才艺，只要加盟进来都受欢迎。这使文化部门实现了由原来的“送文化”变成现在的在基层“种文化”，将文化技能一个村一个村种下去，让它在下面开花结果。这样使得政府职能由原来的“办文化”转变为“管文化”，这是一个很大的转变。从工作途径上讲，它实施的是公共文化末端自我供给，不是从上往下供给，而是由末端自我供给，打通了公共文化服务的最后也是最难的“一公里”。

截至 2019 年底，温州全市已经建起乡村艺术团 2686 支，吸收团员 7.6 万。现在这 2000 多支乡村艺术团已经全部进驻文化礼堂、文化中心里面开展活动，总体效果是不错的。

在管理中，文化馆的干部网格化下沉式下去指导，同时还调动一些社会力量，比如动员乡村教师、乡村振兴辅导员、驻村指导员与乡村艺术团结对，采取一对一、多对一的形式来提升乡村艺术团的服务能力，同时每年集中培训几批乡村特色文艺干部，从而激发基层群众的文化创造活力。有些在外地的文化达人专程从各地飞回来，为乡村艺术团提供帮助，这些都是温州的群众力量。这个项目撬动了基层公共文化自身发展的活力。

有一个非常可喜的现象是温州的乡村艺术团活跃着一支非常年轻的队伍，其中有一个村的乡村艺术团组建起来以后，10 个年轻人戴着面具在全国各地巡演，他们的口号是演满 100 场才把面具摘下来。他们自己写了一首歌叫“全村的希望”，在全国各地演出。这样的团队很多，省文化和旅游厅到温州调研时，就发现温州的乡村艺术团很多都是年轻人在那里掌舵。农村有农村的文艺范，现在的温州从乡村建设上来讲，村村都很美丽，到处都是风景。

第二个举措，实施全民技艺普及工程，这项工程是市委宣传部连同文化广电旅游局以及教育、财政、体育、工青妇文联等部门合力推进的，通过名师带动、积分奖励、阵地共享等机制，让村民们每个人至少学一门技艺，不管是歌舞、戏曲、书法、美术或者是民间工艺，选你喜欢的，我们就派老师来教你，通过帮带或驻村联建等措施辅导。

通过以上两项举措，温州这几年的公共文化，特别在基层显示出了一种前所未有的活跃程度。

当然，如何做好农村公共文化建设是一个永恒的话题，它不是一朝一夕能完成的事，许多工作还有待于进一步探索。我们也愿意向全国各地的同行学习，学习各地好的经验做法来丰富我们的实践，同时也欢迎大家来到温州给我们传经送宝，进行交流。

主持人结束语

感谢柳老师的悉心解答。作为公共文化领域的重点改革任务，国家政策文件当中提出了明确的任务目标，那就是：“到 2020 年，全国具备条件的地区，都要因地制宜建立起上下联通、服务优质、有效覆盖的县级文化馆图书馆总分馆制”。这项改革到今年可以说就是“决胜年”，任务非常艰巨，需要各级文化和旅游主管部门、各级文化馆（站）共同谋划、协力推动。今天柳局的分享也启发了我，今后不妨让各地的好经验、好做法都来展示和交流，各地相互借鉴，共同发展。

让我们再次感谢柳局长今天的经验分享！

网友留言精选

1.“文化驿站”与旅游的深度融合也将是我们必须要探索的命题。建设“文化驿站”，可以给百姓提供学习和交流的场所，提高广大群众的精神文明素质。

2.“文化驿站”成为温州着力打造的公共文化服务创新项目，也是继“城市书房”之后温州公共文化又一大创新品牌。

3.“文化驿站”在运行中遇到哪些困难和问题？是怎么解决的？

4. 我是湖北省黄石市铁山区文化馆的一名群文工作者。今天听柳升高老师讲文化驿站，对我们基层文化馆开展工作有很大的帮助。“文化驿站”可以延伸到乡镇、社区、企业等，并通过乡村艺术团、社区艺术团，不仅能对提升创建公共文化品牌起到积极的作用，更能起到优化互补的作用。

5. 苍南“抢红文化驿站”以蒲壮所城“拔五更”活动的环节“抢红”命名，寓意竞争开放、奋勇争先的苍南人精神。“抢红文化驿站”拥有小型艺术沙龙中心、户外实景演艺基地、露天电影广场、TED 演讲推广中心、微电影展播中心等五大版块功能，全年将安排活动 52 场次，为表演、诗歌、民俗等艺术领域展示提供立体、直观的活动体验。

讲座与互动视频二维码

第八讲

文化馆高质量发展之路漫谈

主讲人简介

金武刚，华东师范大学信息管理系教授。兼任文化和旅游部国家文化和旅游公共服务专家委员会委员、文化馆发展研究院学术委员会委员、全国文化馆标准化技术委员会委员等职。

主要从事公共文化服务、文化馆全民艺术普及、图书馆法治与管理等方面研究。出版有《公共文化政策法规解读》《贫困地区公共阅读研究》等著作。曾获得文化部创新奖、上海市哲学社会科学优秀成果奖。

主持人开场词

改革创新，群策群力，共谋发展！

文化馆站的各位同人、各位网友：

欢迎收看由中国文化馆协会主办、国家公共文化云技术支持的“文化馆事业发展的思考与讨论”直播第八讲。我是本次讨论的主持人——中国文化馆协会秘书长赵保颖。

今天，我们请到的主讲嘉宾是华东师范大学信息管理系教授金武刚。金老师是国家文化和旅游公共服务专家委员会委员、中国文化馆协会理论研究委员会秘书长、全国文化馆标准化技术委员会委员，主要从事公共文化服务、文化馆全民艺术普及、图书馆法治与管理等方面研究。他将给大家带来的思考与讨论主题是“文化馆高质量发展之路漫谈”。

主讲人授课的过程中，大家可以通过播出界面的互动区留言、提问。课后，我们将连线金老师，与大家互动讨论。在这里还是要提醒大家，尽量避免聚集收看，我们一起为巩固疫情防控成果而努力。

“文化馆事业发展的思考与讨论”第八讲现在开始。

讲稿精粹

“文化馆事业发展的思考与讨论”第二讲中，李国新教授指出：满足人民群众美好生活的新期待是今后公共文化服务的战略任务，高质量发展是未来公共文化服务发展的主线。因此想借此机会，围绕文化馆高质量发展这一主题，来讲一下我个人的一些理解和认识。

可能有人要问：我们文化馆，今天为什么要强调高质量发展呢？我想这是文化馆事业发展到一定阶段后的必然要求。就像上次杨乘虎教授在讲座中提到的，经过十几年的建设，公共文化服务设施、资源、活动等都开始体系化了，规模和数量都已经上来了，但是在公共文化服务的覆盖面和适用性上还有差距，在满足人民群众美好生活新期待方面还有差距，这就是质量方面的话题了。

现在出台的很多政策都指向了高质量发展，我这里列了三个重要文件。

第一份文件，是2015年1月，由中共中央办公厅、国务院办公厅印发《关于加快构建现代公共文化服务体系的意见》，这是我国当前公共文化领域的行动纲领，是一切公共文化服务建设的指南。

这份文件虽然是五年前印发的，今天我们再回首来研读一下，依然有很强的指导价值。关于高质量发展，“两办”意见早就提出来了，重温一下这段文字，“在公共文化服务体系建设中统筹考虑群众的基本文化需求和多样化文化需求，推动公共文化服务向优质服务转变，实现标准化和个性化服务的有机统一”。“两办”的意见提出了公共文化服务要实现三个方向的转变：一是从满足基本文化需求向多样化需求转变，增强服务供给的丰富性；二是从基本服务提供向优质服务提供转变，增强服务质量上的高标准、高水平；三是从标准化供给向个性化发展，增强服务方式的针对性，分众提供、精准服务。这个五年前的文件，提出的“三个转变”，今天读来，仍是我们高质量发展的核心要点。

第二份文件，就是党的十九大报告。十九大报告，我们已经学习了很多次了。应该说党的十九大报告亮点很多，提出的新思想、新时代、新矛盾，都具有划时代意义。特别是“新矛盾说”——中国特色社会主义进入新时代，我国社会主要矛盾已经转化为人民日益增长的美好生活需要和不平衡不充分的发展之间的矛盾。这一论述为各行各业在新时代发展指明了建设方向。

关于文化事业与文化产业方面，十九大报告还着重指出，满足人民过上美好生活的新期待，必须提供丰富的精神食粮。我们知道，文化馆事业是中国特色社会主义文化的重要内容，是我国公共文化服务体系的重要组成部分，是人民精神食粮的重要来源。在十九大之前，我们讲公共文化服务时，一直强调提供的是基本公共文化服务。现在，新时代提出了满足人民群众美好生活需要，必须提供丰富的精神食粮。从“基本”到“丰富”，就是要求公共文化服务供给实现从温饱时代到全面建成小康社会的跨越，这是新时代对文化馆提出的新目标和新任务。

第三份文件，是由国家发改委、中宣部、教育部、工信部、民政部、财政部等共十八个部门联合发布的《加大力度推动社会领域公共服务补短板强弱项提质量促进形成强大国内市场的行动方案》。这份文件最大特点是署名单位多，文件名也长，而且内容更重要！

这份文件在公共服务领域部署了三个方面的行动任务，公共文化服务是公共服务的一部分，也是被要求的对象。第一个任务是补短板，补齐基本公共服务短板，保障基本需求。要求采取针对性更强、覆盖面更广、作用更直接、效果更明显的举措，促进公共服务资源向基层延伸、向农村覆盖、向边远地区和生活困难群众倾斜，推进基本公共服务均等化、普惠化、便捷化发展；第二个任务是强弱项，补强非基本服务弱项，扩大服务供给。要求政府在做好政策制定、规划引领、环境营造、监管服务的前提下，充分发挥市场和行业协会、商会等社会组织的作用，鼓励引导社会力量参与，推动非基本公共服务市场化、多元化、优质化发展；第三个任务是提质量，创新机制，提升服务质量。要求破除体制障碍，创新提供方式，优化资源配置，加强人才培养，加快与互联网深度融合，推进城乡区域基本公共服务制度统一，推动优质服务资源延伸下沉和提质扩容，促进公共服务更高质量更高水平发展。

这份文件给我们直接点明了公共文化服务高质量发展的三个重要维度。

一、文化馆高质量发展的基本内涵

讲清楚这一内涵，我们首先要有一个共识，那就是文化馆是干什么的？或者说文化馆的职业使命是什么？这个问题说起似乎很简单，但实际上很不好回答。

我们知道图书馆的职业使命，或者说重要任务是“推动、引导、服务全民阅读”。这是《中华人民共和国公共图书馆法》中所明确的，也是业界和学界取得的共识。

文化馆的职业使命是什么？不能凭空而来，也要找法理依据，要在业界取得共识。可惜的是，文化馆法还未立法。不过《中华人民共和国公共文化服务保障法》是覆盖所有公共文化服务领域的一部的“基本法”，《中华人民共和国公共文化服务保障法》第二十七条指出，“各级人民政府应当充分利用公共文化设施，促进优秀公共文化产品的提供和传播，支持开展全民阅读、全民普法、全民健身、全民科普和艺术普及、优秀传统文化传承活动。”

文化馆是重要的公共文化设施，所以它的职业使命与这几个“全民”密切相关，承担“全民”的全部或其中的部分职能。

与图书馆、博物馆等行业不同，我国文化馆领域一直没有明确的国家级文化场馆来肩负统筹、协调全国文化馆发展的重任。以前也没有国家级的行业组织来肩负此重任。直到 2014 年 11 月，中国文化馆协会成立，才结束了我国文化馆领域全国性行业组织长期空缺的状态，才开始从行业发展角度来思考建立文化馆领域职业使命共识。

2015 年 11 月，中国文化馆协会在重庆举办的第二届中国文化馆年会上，就直接以“全民艺术普及：文化馆的责任与使命”为主题，举办了一系列主题论坛，唱响了文化馆转型发展的旋律。几年下来，业界和学界基本凝聚出行业发展共识，即文化馆的责任与使命就是承担起全民艺术普及和优秀传统文化传承之重任。具体论证就不在此展开了。大家如果有兴趣的话，可以查找一下文化和旅游部全国公共文化发展中心和中国文化馆协会最近连续出版的两本蓝皮书。一本是 2017 年底出版的《文化馆蓝皮书：中国文化馆全民艺术普及发展报告（2015—2016）》；另一本是 2019 年底出版的《文化馆蓝皮书：新时代文化馆创新发展（2017—2018）》。

如果文化馆的职业使命是全民艺术普及和优秀传统文化传承达成共识，我们就要转变观念，改变以前文化馆以获奖为导向的工作目标；改变文化馆以组织大型活动为主的工作内容；改变以文化馆以小众培训为特点的工作模式。

文化馆的高质量发展内涵，也就很容易呈现了。我把它分为三个维度。

第一个维度，就是文化馆的普惠式发展，强调的是服务对象——社会公众的全面覆盖，不论男女老少、天南海北，要做到全面覆盖。

第二个维度，就是文化馆的品质化发展，强调的是供给内容——文化产品、文化服务等内容的高质量、高水平，有口碑、声誉好，是好东西。

第三个维度，就是文化馆的可持续发展，强调的是体制机制建设——作为民生事业，文化馆的治理能力要实现现代化，以人民为中心，按科学规律、专业理念、规章制度来办，不盲目追求规模宏大、不唯长官意志是从，不随心所欲胡乱创新，实现文化馆的可持续健康发展。

下面就围绕这三个维度，谈谈文化馆高质量发展中的一些关键要点。

二、文化馆普惠式发展的关键要点

高质量发展目标是宏伟的，但做法是可以很具体入微的，首先从文化馆开门说起。

第一，文化馆在开放时间上，要做到两点。其一，做到定时开放、足时开放；所谓定时、足时，就是在规定的时间内开放，开放时间长度满足政府要求。这个相对容易。其二，提倡做到错时开放、延时开放。所谓错时、延时，是指根据当地公众利用文化馆习惯与特点，在闲暇时段多开放，比如中午休息时间、夜间下班时间。适当延长夜间、双休日的开放时间，以便更好地适应公众需求，服务公众。这是一切以人民为中心为出发点的基本要求。

例如浦东新区文化艺术指导中心（浦东文化馆），面向上班族推出“午间文化一小时”服务项目，以免费午间课堂的形式，开设各类艺术门类培训。浦东是上海白领阶层的集聚地，早上一早上班，下午一下班就往回奔，算来算去也只有中午吃午饭时有点空。所以浦东推出的“午间文化一小时”项目，就特别受欢迎。

第二，文化馆有哪些常设的服务项目？一般来讲，常设服务项目包括但不限于展览、讲座、影视、阅览、培训、游艺、体验、提供场地空间等。像其中的展览、阅览等服务项目，以及公众在馆内闲坐、发呆，馆员是可以不干预的，公众可自行其是。有一个现象是大多数展览只放些图片、照片、书法，但为什么这样拍照，书法妙在何处？无人解释。这些展览，高水平的专业人员一般不会来看，业余的又难窥艺术门径，被拦在外面。如果说我们文化馆职业使命是搞全民艺术普及的，既然是普及，你能不能给些文字说明，配备一些入门资料或图书？如果文字稍长、不好看，能不能放个二维码？像博物馆一样，手机扫一扫就能调出语音讲解？

当然，我这里真正要说的是，文化馆在培训、活动之外，能否更多地提供一些由公众能够自助开展的自我教育、自我服务的、时常更新的常设项目，就像图书馆提供图书文献一样，文化馆能否提供一些艺术知识文献阅览、艺术经典视听欣赏、音乐发烧友、3D 影院、艺创空间、展览展示等。建立基础性文化馆资源，常态化提供，适应不同公众需要。让公众自助利用、自我服务，可以在相当程度上减轻文化馆的服务压力。

以上讲的开馆时间、常设服务项目，都是文化馆阵地服务范畴。如果公众离文化馆太远了，来不了怎么办？按照普惠式发展的理念，你来不了，不要紧，我送过来。文化馆开展的送戏下乡、文化走亲、文艺轻骑兵等服务，都可称之为流动服务，或者叫馆外服务。

流动服务在普惠式发展方面意义重大：一是有利于深入基层、贴近群众、方便群众利用；二是有利于扩大服务范围，实现偏远地区、人口稀疏地区、文化馆站设施盲区、服务空白等特殊区域的全覆盖；三是有利于解决城乡基层、老少边穷地区的供给不足问题。

可能还有的人住得远来不了，时间上也赶不上趟。即使你送下来了，也没空捧场。这也不要紧，我们文化馆有数字服务。比如网络直播、信息发布、艺术欣赏（含视频点播）、网上培训、预约、咨询、在线辅导、资源检索、慕课学习及后台的大数据分析等，都是可以远程利用的。

要让文化馆充分发挥作用，以一家之力显然无法满足全域群众的需要。好在城市街道社区、乡镇农村，都建有相应的乡镇街道综合文化站、村文化活动室，现在统一叫基层综合性文化服务中心。这些最基层的文化设施，有馆舍，但资源不够；有人员，但兼职为主；有服务，但很不规范。

相对而言，文化馆比较正规，有专业能力，人员也有情怀。这就要顶层设计，整合全域力量，共谋发展。这就是总分馆制的由来。

文化和旅游部曾专门出台过县域文化馆总分馆制建设的文件，要求到2020年，全国具备条件的地区因地制宜建立起上下联通、服务优质、有效覆盖的县级文化馆总分馆制。

文化馆总分馆制的功能就是整合县域内群众文化艺术资源，加强对县域内文化活动、文艺创作、文艺辅导、送戏下乡、队伍培训以及演出器材设备调配等方面的统筹。运行机制就是总馆对分馆的管理重在业务指导和资源调配，分馆按照总馆的工作安排和服务标准，面向基层群众提供与总馆水平相当的基本服务。有条件的地方可以探索总馆统一管理或参与管理各分馆人财物。

例如，2011年重庆市大渡口区最早开始探索总分馆制建设。大渡口区文化馆与乡（镇）政府签订协议，将乡（镇）文化站托管给文化馆，形成“托管制”，由文化馆派人下去进行运行管理，实现所有权和管理权的分离，把文化站建成分馆，解决了区文化馆指挥不了乡（镇）文化站的问题。它创新得很早，示范价值很大。

嘉兴市建立了“中心馆—总分馆”模式，市文化馆是中心馆，各区县市文化馆是所在县域的总馆，乡（镇）文化站是分馆，村（社区）文化礼堂、综合文化服务中心是支馆。在总分馆体系中，“两员制”是体系运行的关键。“两员制”，即由县总馆向镇（街道）分馆委派 1 名“下派员”，村（社区）支馆配备 1 名专职“文化管理员”，形成“阵地有人管、队伍有人建、活动有人搞”的长效机制，实现所在县（市、区）域群众文化艺术服务的统筹、协调、规范和均等。

东莞市文化馆根据下边的镇街文化站能力差异，建立了不同的合作方式，我称之为“多元制”：镇（街道）文化站业务能力强，服务水平高，人财物保障较为充实，市文化馆以平等地位与它合作，建立联盟关系。镇（街道）文化站人才队伍较为薄弱，产品和服务需要提档升级，文化馆就派驻人员，担任业务馆长，靠近指导。镇（街道）文化站条件实在差，要人没人，要资源没资源，文化馆就与所在镇（街道）签委托协议，由文化馆直接代管等。所以她们命名为“一核多元”，因地制宜，因馆而异建分馆。

温州的“文化驿站”不是独立建馆舍，而是利用现有设施，嵌入式地开辟一个专用空间，每周或每两周举办一次文化艺术分享交流活动。“文化驿站”可以嵌入文化馆、图书馆、博物馆等文化系统的体制内设施；也可以是书店、影院、民宿、茶座等文化系统以外的社会设施。活动由文化主管部门配送。

该空间活动时就是“文化驿站”，活动结束后，空间还回去，原来该怎么用就还怎么用。这种嵌入式空间、分时利用的方式，依托于现有文化设施，大大减少了建设主体的投入成本和空间占用成本，降低了参与门槛。同时把文化活动做到最大化，覆盖范围最大化。

我记得前面的讲座里有人曾提过一个问题，说图书馆、文化馆、博物馆等公共文化机构如何融合发展？其实温州的“文化驿站”就给我们树了一个榜样。融合，不是整合，不是我吃掉你，你吃掉我，而是以项目、以服务、以活动为纽带，建立关联、协同发展，共同为人民服务。

目前，温州正在致力于在镇（街道）文化站普遍建立“文化驿站”，由文化馆来统筹，这就是另一种创新总分馆制模式了。

三、文化馆品质化发展的关键要点

品质化发展一个要求是扩大服务供给。就是说文化馆提供的产品、项目、活动，要内容丰富、品种齐全、应有尽有。这是人民群众对美好生活新期待的朴素要求——拥有丰富的精神食粮。

（一）供给主体多元化

事实上，文化馆人员有限、资源有限、经费有限、条件有限，很难依靠自身力量做到，但这是新时代发展的要求，必须要实现。解决思路就是扩大供给主体，实现供给主体多元化，具体方式有三个方面。

一是政府向社会力量购买公共文化服务。在基本服务基础上有所增量，以弥补文化馆人力、资源不足、专业不足所带来的供给不足。

二是与社会各界广泛建立合作关系，互为支援。如文化与教育结合，利用教育系统的艺术师资，帮助文化馆站开展业务辅导与培训；也可派出师资，支持学校美育教育，合作共赢。文化馆还可以与社会艺术培训机构建立合作联盟，由社会机构免费为社会公众提供初级艺术培训，文化馆为这次培训机构提供学员演出展示的舞台，吸收他们共同参与重要文化活动，邀请专家讲座也给他们学习旁听机会，共同提高。像宁波市文化馆的“一人一艺”社会艺术联盟，温州市文化馆的“表演艺术类培训机构公益大联盟”，都是这一方式的典范。

三是志愿服务。在文化馆主要有两支重要的志愿服务力量：一支是馆办文艺团队，是由文化馆业务干部指导、具有一定专业水平、影响力较大、常态化提供文艺演出或者相关服务的文艺团队；另一支是文化志愿者，是为文化馆工作提供志愿服务的社会公众。这些力量能帮助文化馆丰富服务供给。

要注意的是，志愿者不等于廉价劳动力。中宣部早有文件指明，志愿者一般从事三类服务：一是社会教育，主要是讲解导览、公共教育、文化活动等；二是专业服务，主要是参与文创开发、藏品登记、专业研究、文献翻译、陈列展览等；三是辅助管理，主要是行政运行、信息咨询、环境秩序维护等。但是我们也发现，有些地方政府对文化馆应当配置的专业人员不予配置，而是打着推进文化志愿服务的名义，将志愿者当成廉价劳动力派到文化馆，文化志愿服务变成了简单的降低人力成本的机制。这种政府“甩包袱”的做法，首先是严重歪曲了文化志愿服务的宗旨，其次是影响了文化馆提供服务的专业性。另外，志愿者变动较为频繁，从长远来看，也会影响文化馆服务的持续性。这些都应当引起我们充分重视。

（二）服务方式精准化

这里包含两层意思。一是提供菜单式、订单式服务。畅通公众文化需求反馈渠道，建立公共文化服务目录“菜单”，开展定制化服务，更具精准性。二是分众化、精准化。就是针对不同人群的年龄、职业、兴趣爱好等特点，推出针对性服务。

例如，“文艺专家门诊”是由绍兴市文化馆牵头全市 6 家区、县（市）文化馆实施的一项全市联动的文化志愿服务项目。它采取门诊服务的形式，组织专家坐诊，市民预约问诊，包括书法、摄影、曲艺、戏曲、器乐、声乐、国画、舞蹈等 8 个艺术门类的专家门诊。专家以志愿服务方式提供诊断服务，主要来源于 7 家文化馆各个艺术门类的优秀业务干部和当地文联下属的各类艺术家协会、高校等机构专业艺术人才。这样一来，实现专家与市民面对面、一对一的服务，真正实现文艺指导的因材施教。

（三）服务项目品牌化

品牌是质量的保证，有品牌的服务，才是品质化的服务。文化馆的文化品牌，一般包括服务品牌和活动品牌。刚才我们提到的一些案例，如绍兴的“文艺专家门诊”、温州的“文化驿站”、宁波的“一人一艺”等，都是文化馆界著名品牌。

对于品牌，业界有一些约定俗成的判断标准：①经过三年以上的持续建设，久久为功，不是一拍脑袋刚有想法，就能成为品牌的；②建设内容逐年推进，是不断创新变化的，保持发展活力；③受益人数稳步增加的，要有统计数据，不是想说多少就是多少的。当然，人数规模越大，品牌影响力越大；④要有计划地宣传推广，酒香还是怕巷子深的，尤其文化馆提供的公益服务，还是要吆喝吆喝的，知晓度高了，公众参与度也上来了，满意度也会与时俱进；⑤大众媒体要有宣传报道，作为典型经验加以示范介绍。

文化馆要有品牌意识，服务要有质量，要做百年老店，口碑好、声誉佳。这才是品质化发展的典型表现。品牌打造目的本质上就是促进文化馆不断创新，在文化馆服务的某一方面、某一构成要素上具有新颖性、科学性、引领性、示范性的举措，产生明显的服务效益、良好的社会效益和较大的辐射作用。

（四）文化内容特色化

文化馆提供的文化内容要有特色，而特色文化的最根本来源就是地方文化。

在文化馆的日常工作职责中，组织开展民族民间文化艺术资源的搜集、整理、保护和利用，协助文化主管部门开展非物质文化遗产保护，是一项重要工作任务。这也是地方文化的特色所在，是显示文化馆的个性所在，以区别于其他区域。文化是多姿多彩的，我们只有在特色化上做文章，文化馆才能占领不败之地。

前几天，苏州市公共文化中心曹俊主任给过我一个数据，是反映在防疫期间，他们所开通艺术慕课平台的受欢迎程度。看到数据，他自己也是大吃一惊。据该数据反映，自 2 月 3 日到 3 月 13 日的 40 天内，艺术慕课总浏览人数超过 1100 万，在线学习超过 100 万，而且来自苏州之外的 IP 点击率占总数的一半以上，这是实打实的数据。

数据为什么会这么高？我上线看了，除了技术平台支持以外，最重要的是慕课内容！他们在线上推出了砚雕、苏绣、苏作手艺、吴门古琴、粉画等独具江南特色的艺术慕课。传播效果火爆的原因不外有二，一是以短视频、连续性的慕课方式加以呈现，适应了现代民众线上产品利用习惯和特点；二是以苏州江南文化为核心打造的线上产品，独一无二，能吸引大量人群集中关注与利用。

所以说，根植地方文化，深入挖掘特色，充分开展利用，这是文化馆取之不竭、用之不尽的富矿。

（五）技术应用互联网

无论是文化馆的全面覆盖、阵地服务、精准服务、文化传承，还是总分馆制的需要、创新服务的需要，互联网都起到了重要作用。我们要充分重视互联网的应用，它是颠覆性的存在，就像我们现在的网络直录播，动不动就几千人次、几万人次，甚至几十万人次流量，这在以前是不可想象的。传统服务与互联网相比，属于被降维打击的范畴，完全不在一个等量级上。

四、文化馆可持续发展的关键要点

可持续发展的核心是建立文化馆的现代治理体系，具备现代治理能力。

（一）法人治理结构改革

为什么要开展文化馆的法人治理结构改革？至少有四个目的：一是政府转变职能、政事分开，不能把文化馆当作公共文化科二科，什么事情都让文化馆去做。二是强化文化馆的法人自主权，不能躺倒在事业编制铁饭碗上、半死不活，要激发发展活力；三是引入社会力量参与管理和运行，形成多元共治格局，代表社会公众利益；四是根本目的，就是促进文化馆的管理水平和服务质量与效能的提高，群策群力。

2017年9月，经中央全面深化改革领导小组第37次会议通过，中宣部、文化部等七部门联合印发《关于深入推进公共文化机构法人治理结构改革的实施方案》，给我们提供了具体方案。

法人治理结构改革会带来五大转变：

一是财政投入方式改革。总的目标是构建公共财政支持公益性文化事业发展的长效机制，实现把公共文化产品、服务项目、活动纳入公共财政经常性支出预算。在投入方式上，改革传统的行政拨款、“先见钱后谋事”机制，建立“以事定费”机制，实现由“养人”向“养事”的转变。

二是人事管理制度改革。以转换用人机制和搞活用人制度为核心，以健全聘用制度和岗位管理制度为重点，建立权责清晰、分类科学、机制灵活、监管有力的人事管理制度。由传统的身份管理向岗位管理转变，实行竞争上岗，有能力者上，无能力者下。

三是收入分配制度改革。与人事管理制度改革相配套，以完善工资分配激励约束机制为核心，健全体现岗位绩效和分级分类管理要求的收入分配制度，上 A 岗就拿 A 岗的收入，上 B 岗就 B 岗的收入。

四是扩大社会力量参与。理事会制度本身就是一种吸纳社会力量参与公共文化的制度安排，国务院关于事业单位建立法人治理结构的意见明确要求理事会中“外部理事占多数”，就是这一要求的体现。扩大社会力量参与的另一个意思，是通过理事会制度鼓励和吸引更多的社会力量、社会资本参与到公共文化建设中来，以捐赠、赞助等多种形式参与公共文化服务体系建设。按照国际通行做法，具有强烈社会责任意识、热心捐助公益性文化事业的企业家，就是理事的合适人选。所以，文化馆理事会要探索打通有影响的企业家进入理事会的通道。

五是创新公共文化服务内容和方式。公共文化机构建立法人治理结构的根本目的，是提高服务效能，提升服务质量，实现公益目标。建立法人治理结构过程中的所有改革，都应该着眼于服务内容的拓展，服务方式的创新，聚焦服务效能和质量。不能让建立法人治理结构只是停留在组建理事会等形式上，而是要通过体制机制改革，激发机构内部活力，实现公共文化服务的全面提升，这也是衡量公共文化机构法人治理结构是否成功的最终标准。

（二）服务管理规范化

文化馆服务与管理的规范化，包括文化馆对外的服务规范，对内的业务工作规范，以及安全管理（应急管理）、财务管理、资产管理、岗位管理、环境管理等方面，都要建立相应的规章制度。做到有章可依，有章必依。做到以制度管理事、管人，改变传统的“人治”方式。

关于年报制度，在这里特别提一下，《中华人民共和国公共文化服务保障法》就要求所有公共文化机构建立年报制度。年报是公共文化机构反映年度服务、管理、运行状况的公开出版物。体现对纳税人负责的精神，对完善内部管理、接受公众监督、提升运营管理能力、提高服务效能具有促进作用。公共文化机构编制、公开年报，是国际上较为普遍的做法。文化馆编制年报，免费公开，这是信息公开、主动接受社会监督的现代治理方式的重要内容。

在我的印象中，文化馆领域最早制作年报的是成都市文化馆，2018年1月就发布了《2017年成都市文化馆年报》，内容包括年度概览、统计分析、社会评价和大事纪要四大部分。据年报数据显示，成都市文化馆在那一年全年开展公益培训班855个，共吸引了47.45万人次到馆活动，开展了市级群众文化活动80场，指导22个区县开展群众文化活动206场，发动乡镇（街道）、社区（村）开展文化活动638场，直接参与文化活动的群众达218万人次。

年报与年终总结简单的数据归纳不同，而是通过对数据的分类提取和对比分析，呈现出一个系统、科学的分析成果，旨在为来年的工作部署提供科学理性的决策依据，提升公共文化服务品质和效能。只有平时注重资料积累、数据分析和问题导向，而不是凭主观经验和模式遵循，才可能使文化馆工作真正立足于人民的诉求，用专业的姿态和开放的格局创建美好文化生活。

（三）人员队伍专业化

文化馆高质量的发展离不开专业化的人员队伍，所以要加强馆员业务培训工作，实施在岗人员轮训和新增人员上岗培训，培养出一支结构合理、业务熟练、适应现代文化馆发展需要的人才队伍，特别是文化馆馆长和业务部门科室主任等领军人才、关键岗位少数人才队伍的专业化建设，以确保文化馆的管理和运营能够真正符合科学发展规律，支撑起可持续健康发展。

在人员专业化方面，我们一直强调“一专多能”。专，就是业务能力，有一技之长；多能，就是多方面的能力。首先就是组织管理能力，文化馆区别于画院、艺研院的地方，是要组织群众、发动群众开展群众文化活动的，没有组织管理能力是寸步难行的；其次是互联网技术应用能力，要主动学习、适应互联网，掌握新技术，提高服务能力。比如前面提到的慕课，就是全新的教学方式，能让文化馆的培训工作发生颠覆性的变化；还有一个能力，我认为是科学研究能力。科学研究不是说一定要去写论文，而是一种善于观察的能力，勤于思考的能力，开展实地调查的能力，能够进行科学总结的能力。

（四）资金支持多元化

文化馆作为公益一类事业单位，运营管理、活动服务等都有财政保障的，纳入到本级政府财政预算，及时、足额拨付，但是财政保障又是有限的，只能在指定的有限范围内开支。如果有些创新项目需要孵化，文创产品需要研发，专业人才需要特别培养等，财政上有时就很难保障。再加上如果地方财政收入形势不好，又会削弱文化馆的一些必要经费以渡难关。所有这些都会给文化馆带来发展上的波动。

如果建立文化馆基金或基金会，鼓励企业、社会组织和其他社会力量捐资捐赠，拓宽文化馆的资金来源渠道，用于文化馆事业发展，文化馆就能具有一定的抗压能力，维持发展。当然，基金会资金管理应有专业审计，做到公开、透明。

（五）绩效评价科学化

评价方式的科学化可以有两个维度。一是公众评价，主要从主观层面上的评价，来了解文化馆知晓度、公众的参与度及满意度；二是第三方专业机构，对文化馆的服务效能进行专业客观的评价。

绩效评价科学化的另一个方面是对评价结果的合理应用，应当将评价结果作为正面激励的依据。《中华人民共和国公共文化服务保障法》明文规定，政府要将考核评价结果作为确定补贴或奖励的依据，这是直接针对以往文化馆评估与激励机制关联性不大的重大改革，是对考核结果应用“拨乱反正”，这也为我们全国性文化馆评估定级工作指明了发展方向，形成了正面激励。

关于文化馆高质量发展的话题，大家也都在积极思考与探索。条条大路通罗马，只要大家勇于实践创新，就一定能取得成功。

在线互动交流

主持人：金武刚老师录播的课程结束了。我们把金老师已经请到了网络直播间。金老师，您好！

关于文化馆高质量发展这个论题，您刚才从政策理论到改革、创新、实践，给我们做了深入透彻的分析与讲解。在前期征集讨论主题的时候，很多同人留言询问文化馆评估定级的事，您刚才课上讲到的内容几乎涵盖了近年来文化馆行业建设与发展的所有要点，您作为评估标准修订组的主要专家成员，其实在修订编制文化馆评估定级标准的时候，聚焦和考虑到的要点无外乎就是这些。我们也可以把今天的课程，当作是一次“敲黑板、划重点”。因为时间原因，我从前期的主题征集以及网友在互动区的留言中选几个问题，请您在线给大家解答。

您是文化馆、图书馆的跨界专家，刚才在讲课的时候，亲切地将图书馆称为“隔壁的图书馆”。您指出，图书馆的职业使命是“推动、引导、服务全民阅读”，而且这是在《中华人民共和国公共图书馆法》中所明确的，在图书馆业界和学界取得了广泛的共识。您刚才强调文化馆的责任与使命是“全民艺术普及和优秀传统文化保护与传承”，在这一点上，我觉得当前很有必要在文化馆业内进一步统一思想，进一步促成行业共识。前期征集主题的时候，有文化馆同人提出这样一个问题：文化馆在百姓的生活中到底扮演什么角色？怎样才能成为不可或缺的一部分？您可否围绕文化馆的职能定位，给出更进一步的解答。

金武刚：从这次疫情大家也明白，在“生命高于一切”的这种非常态生活当中，公共文化场馆其实是可以闭馆的，但文化馆能够让我们的生命更加光彩、生命更有质量。比如各级文化馆开拓了各种各样的精神文化产品，是充满阳光和温暖的，是老百姓精神文化生活的一个重要载体或媒介。

先谈不可或缺的问题。要做到不可或缺，首先需要知道老百姓要不要你的东西。文化馆要做到和老百姓的美好生活需要相匹配，要尊重老百姓的主体地位，就是要以人民为中心，要老百姓参与到当中来，成为生活中一部分，这样可能就不可或缺了。

要做到这一点，回过头来讲，就要说文化馆扮演的角色了，我理解的大概有三个层次：

第一个层面，文化馆首先是一个文化提供者的角色。文化馆是搞公共文化、群众文化的，那么我们提供的文化要做到供需对接，文化馆跟专业院团提供的高雅艺术应该是有所不同的，各有侧重。文化馆提供的文化活动，要有烟火气、要接地气，要有老百姓生活当中的人和事，这样他们才有兴趣，才会参与进来。

第二个层面，文化馆要有与老百姓生活共生共融的一个角色。我们经常讲，老百姓开门七件事，柴米油盐酱醋茶。那么第八件事是不是就是我们的“艺”，也就是艺术普及、文艺活动呢？要做到这样一个相伴生的状态，文化馆的活动不能有一搭没一搭，而需要一个长期的、持续的提供，有一种非常浓烈的氛围，文化馆事业要成为一项关乎民生、关系民心的事业，这样才能被群众认可。

第三个层面，文化馆要做好引领者的角色。文化馆要有自己的定位，文化馆是中国特色的文化机构，同时又是一个文化阵地，需要我们努力传承弘扬社会主义核心价值观，起到一定的社会教育职能。我们的教育不是简单的宣讲、宣传，而是通过优秀的文艺作品来感染，优秀的作品要有政治性、有观赏性、有艺术性，三合一的寓教于乐，文化馆要起到引领者的作用。

有为才有位，高质量发展的文化馆才有可能成为老百姓生活当中不可或缺的一部分。

主持人：您刚才强调，高质量发展是文化馆事业发展到一定阶段后的必然要求，并且从普适性发展、品质化发展、可持续发展三个维度对文化馆的服务对象、供给内容和行业建设等归纳总结出十五个关键点。有一位网友提了一个非常有意思的问题，他问：文化馆高质量发展有那么多关键要点，在您看来，这些要点有没有个先后顺序？

金武刚：高质量发展是一个热门话题，第三讲的杨乘虎教授介绍的供给侧改革其实也是高质量发展的另外一个说法。高质量发展有一些定性定量的发展指标，高质量发展不是很玄乎的事情，前面我也介绍了一些日常性的工作，这些工作可能在评估定级标准里面作为重点要求考核。比如文化馆的准时开放就是个问题，图书馆行业以前也遇到过这个问题，要求做到准时开放、错时开放，但图书馆与文化馆情况还不一样，图书馆人很多，不开门是会造成读者不满的。文化馆如果来的人少，不开门或者晚些开门，这就是一个服务的质量问题了。为什么要开门？因为我们不开门，总有些人的需求就没法得到满足，像刚才所说的浦东的案例，其实就是白领阶层的一个主要特点。另外一个方面，如果文化馆门开了，他们发现没人来，或者馆员工作跟不上，或者没有服务，那么进馆人数就会越来越少。图书馆有书看就可以，文化馆没有培训的话，就没有进来的意义，这里涉及文化馆的项目设置。刚才提到一个话题，文化馆的项目里面应该多设置一些自助的、常规性服务项目。

现在谈刚才关键点的先后次序问题。

我讲了三个维度，第一个维度就是文化馆的普惠式发展，普惠式是文化管理一个最基本的要求。文化馆面向的对象是全民，所以要想尽办法要满足各类群体的各类需要。如果没有做到，那么就需要补短板。第二个维度就是文化馆的品质化发展，这是在普惠式服务基础上的一个提升，也就是文化馆不仅要有服务内容，而且内容要丰富，不仅要有不间断的服务，而且要有水准、有水平、有特色、方便获取，通过各种各样的手段、方法来引领文化馆发展。这项内容是现在文化馆行业普遍的一个弱项，是需要推进的一个重点内容。第三个维度就是文化馆的可持续发展，这是一个制度建设的话题。在目前的服务提供基础上，文化机构的运行是不是高效的、科学的、可健康发展的？所以一开始就强调了要法人治理改革，法人治理改革也不是玄妙的东西，它是一个制度，让你有章可循，让文化馆有自己的业务发展权、自主权，可以更好地提供服务。

2020年是比较特殊的一年，也是非常关键的一年，是“十三五”的决胜之年，“十四五”的谋划之年。围绕高质量发展，对文化馆做些全面诊断，找准我们的问题、弱项、目标，做好规划，就可以对我们高质量发展更加心中有数，有序推进了。

主持人：前面的讲座中，各位主讲人几乎都提到了公共数字文化服务、数字文化馆等内容。您也在课程中谈到了文化馆数字服务。有网友问：您对疫情中公共文化机构的线上文旅服务有何评价？有什么建议？

金武刚：公共文化机构推出线上文旅公共服务，原本是适应新时代公众文化需求变化，扩大服务覆盖面和适用性的重要举措。此次新冠肺炎疫情大爆发，广大民众响应政府号召、共同居家抗疫减少外出。天天刷手机、看电视，遭受大批量的、高密度的疫情信息轰炸，有好有坏、跌宕起伏，长时间下来，心情不免沉重烦闷。此时，可以线上观看演出、屏上云游万里，或者线上线下互动，跳上一支舞蹈、唱上一首歌，学上一门手艺，舒缓压力，学习新知，让生活得以继续。

在广大中小学校师生停校不停课，不断折腾网课时，公共文化机构上线的各类文旅公共服务，有些意外地成为广大民众共同抗疫的重要精神食粮，发挥了不可估量的重要作用。但是，民众在利用过程中，反映部分线上产品有供需不对接、内容同质化的现象，这是因为这些产品并未针对疫情而设计，特别是长期居家不外出对线上产品的互动性、独特性提出了更高的要求。公共文化机构不必因此而沮丧，更应变压力为动力。在我看来，线上文旅公共服务，至少可以在三个方面继续作出努力。

一是线上文旅服务的范围扩展与延伸。根据《中华人民共和国公共文化服务保障法》要求，公共文化机构应当支持开展全民阅读、全民普法、全民健身、全民科普和艺术普及、优秀传统文化传承活动。从此次疫情公众使用的线上产品来看，文化馆、图书馆、博物馆、美术馆等公共文化机构在全民阅读、全民艺术普及甚至全民健身等方面，都做得相当不错。但在全民普法，特别是健康方面的全民科普还远远不够。在疫情笼罩之下，广大民众最迫切需要的是科学防疫的正确知识，健康卫生习惯的科学养成。公共文化机构应当反思如何在公共文化服务中，特别是线上产品中扩展范围，提供法律知识普及、健康常识普及等内容。疫情终将会过去，但公共文化机构全民科普的职责和使命，任重道远。

二是线上文旅产品的内容选择与呈现。此次疫情期间，文化馆、图书馆、博物馆、美术馆等公共文化机构都提供了大量的在线文旅产品，居家民众可以有时间点击利用。由于网络无界，这也是考验各家机构线上产品适用性的重要时刻。苏州市公共文化中心因疫情闭馆之际，在线上推出了吴门古琴、苏作手艺、苏绣、巉村砚等独具江南特色的艺术慕课。两个月不到的时间，线上点击访问量已突破一千万人次，有一百多万人次在线学习，而且来自苏州之外的 IP 点击率占总数的一半以上。传播效果火爆的原因不外有二，一是以地方文化为核心打造的线上产品独一无二，能吸外各地人群关注利用；二是以短视频、连续性的慕课方式加以呈现，适应了现代民众线上产品利用习惯和特点。反观有的公共文化机构购买了一些商业数据库、做了一些通用性的电视片视频，放到线上传播，效果就一般般。可见，线上文旅公共服务的内容选择和呈现方式都至关重要，疫情期间，更加放大了服务效能的差异。

三是线上文旅平台的融合与推送。虽然时代在不断发展，但仍然有很多民众在利用线上服务时，存在一定的技术障碍。每一个平台的网址获取、每一个 APP 的下载安装，在这些民众看来就是一座难以翻越的大山。如果线上文旅平台能够无缝融入微信、抖音、快手等民众大量使用的 APP，只要打开微信、用上抖音，就有文旅产品与服务的推送，自然就会大受欢迎。疫情期间，刷手机已经成了“全民通病”，但刷文旅产品的还为数不多。这就要我们改变思路，改变做法，加强平台融合，做好内容推广，确保在疫情结束之后仍然适用。

主持人结束语

感谢金老师给我们做出的细致的答疑。十九大报告提出“高质量发展”，这表明中国经济、社会由高速增长阶段转向高质量发展阶段，对文化馆行业也是如此。我们的高质量发展道路怎么走？如何完成从满足基本文化需求向满足多样化需求转变、从基本服务提供向优质服务提供转变、从标准化供给向个性化发展转变，从满足精神温饱到实现文化小康的转变，这确实是一篇值得深思熟虑的大文章。金老师的课给我们全面归纳了这篇大文章的重点、难点、热点、痛点。

让我们再次感谢金老师的精彩授课！

网友留言精选

1. 公共文化服务体系应该更好地为农村、农民、农技提供服务。文化馆要创新服务内容，更好地为人民群众服务。

2. 受益群众逐年增加，人们已经越来越离不开文化馆了。通过专家的讲解和学习，对文化馆今后的发展之路更加明确清晰。

3. 农村要多元化发展，特别是“文化振兴”这一块，对所有农村都适用。开展文化教育，提高全民素质。

4. 随着经济的不断发展，尤其是小康社会的全面建成，越来越多的人对文化有了更高的要求。文化建设以及文化馆的发展对人民、对社会都非常重要。

5. 要真正把百姓文化建议做到实处，而不是只做表面文章。

讲座与互动视频二维码

第九讲

智慧　品牌　社群

——对未来文化馆发展的几点畅想

主讲人简介

黄晓丽，东莞市文化馆党支部书记、馆长，市非物质文化遗产保护中心主任，副研究馆员。文化和旅游部国家文化和旅游研究基地（东莞市文化馆）主任，文化馆发展研究院学术委员会委员。中国女摄影家协会副秘书长。

广东高层次人才，从事宣传文化工作近20年。先后获得“全国群文之星”“全国文化系统先进工作者”“全国文化志愿服务组织工作优秀个人”“全国巾帼建功标兵”称号；主持《城镇化进程中的现代公共文化服务体系建设研究》《东莞市文化馆总分馆制建设研究》等国家公共文化服务体系研究课题。

主持人开场词

改革创新，群策群力，共谋发展！

文化馆站的各位同人、各位网友：

欢迎收看由中国文化馆协会主办、国家公共文化云技术支持的“文化馆事业发展的思考与讨论”直播第九讲。我是本次讨论的主持人——中国文化馆协会秘书长赵保颖。

今天，我们请到的主讲嘉宾是东莞市文化馆党支部书记、馆长，东莞市非物质文化遗产保护中心主任黄晓丽。黄馆长是中国文化馆协会理论研究委员会委员，中国女摄影家协会副秘书长。在东莞市文化馆新馆落成之初，也就是2016年，黄晓丽馆长到文化馆就职，短短4年里，她带领东莞市文化馆，在现代文化馆建设的道路上，开拓创新，一路奔跑，在数字化、社会化、体系化等方面取得了显著成效。例如，他们广泛开展社会化合作，创办了粤港澳大湾区公共文化和旅游产品采购会等一系列的品牌活动；他们是全国首批数字文化馆试点单位；在总分馆制建设方面，他们探索建立了“一个体系 + 多种模式”的东莞总分馆体系；作为文化馆行业的唯一代表，东莞市文化馆去年还获得文化和旅游部挂牌的“国家文化和旅游研究基地”称号。今天，黄馆长给大家带来的思考与讨论主题是“智慧　品牌　社群　　对未来文化馆发展的几点畅想”。

主讲人授课的过程中，大家可以通过播出界面的互动区留言、提问。课后，我们将连线黄馆长，与大家互动讨论。那么在这里还是要提醒大家，继续巩固疫情防控成果，尽量避免聚集收看或者做好防护。

“文化馆事业发展的思考与讨论”第九讲现在开始。

讲稿精粹

刚刚过去的庚子年春节，应该是我们过的最难忘的春节，这场突如其来的疫情，把各行各业年前的规划全部打乱了，我们文化馆行业也无法独善其身。疫情的冲击一定会过去，但是其对社会的影响，包括对文化馆行业的影响，无疑还将持续一段时间。我们都知道，危机危机，有“危”也有“机”，这次席卷全国的疫情会成为整个经济社会，特别是一些行业创新变革的催化剂。在17年前的“非典”时期，阿里巴巴抓住了线上经济发展的机会，实现了逆行而上，奠定了今天阿里巴巴王国的基础。今天的文化馆行业能否在危机之中把握机遇实现高质量发展，这是对全行业的一次重大考验，我从“文化馆事业发展的思考与讨论”第一讲起就在“追星”，获益匪浅，也一直在思考。很荣幸今天能在这里分享几点我的感受和想法。

一、在疫情期间产生的三个担忧

抗击疫情的过程中，有几个问题一直困扰着我：

第一个问题是文化馆在社会的影响力问题。受疫情的影响，文化馆场馆关闭、线下活动暂停，但是文化馆工作没有停摆。我们积极开展文艺战“疫”，创作了许多感人的优秀主题作品，推出了大量新形态的文化活动服务，如艺术慕课、线上展览等，为丰富特殊时期民众的精神文化生活，做出了不懈的努力。但是大家也看到了，与火爆的线上文娱产业相比，如手机游戏、短视频，乃至于与博物馆行业相比，文化馆的服务和资源在吸引力、覆盖面上都有所不足，它的社会影响力也低于其他的一些行业。

第二个问题是文化馆与科技融合的问题。疫情期间不能聚集办公，为了减少不必要的见面来往，我们运用钉钉、腾讯会议远程办公，利用抖音、微信开展业务。在这个过程中，我感到文化馆在数字化、信息化方面的准备不够，无论是产品还是技术、机制，整体运转还不够顺畅：一是过往储备数字资源少、质量一般，难以跟现在主流平台同台竞争；二是对新技术缺乏敏感性，像慕课建设，我们在理解和实操上都还没有吃透；三是没有把握好互联网用户的喜好，我们往往只是单纯地把线下的活动搬到线上。

第三个问题是文化馆产品服务精准度的问题。在这次疫情中，由于工作的统一部署，让我们有机会与基层工作人员长时间接触，我们还走进了千家万户，与市民经常有面对面的交流，去了解他们的文化生活，从中也感受到了今时今日市民文化需求的多元性。反思我们的工作，我们的文化产品和服务，与市民的文化需求，在精准度、匹配度方面还有距离。如何实现精准对接，我们任重道远。

这些问题涉及我们的服务手段、服务成效，也涉及服务体制机制、服务对象、服务方式方法的问题。

二、后疫情期文化馆发展的思考：智慧、品牌、社群

以上问题引发我对文化馆未来发展的思考，我把其归纳为智慧、品牌、社群三个关键词，希望可以将它们串联起来。

（一）智慧

我跟大家分享的第一个关键词是智慧。说到数字文化馆发展的必要性和重要性，当然不用多说，那么，数字文化馆是不是就是我们追求的终点呢？我想肯定不是，第一，数字文化馆的普及程度还不够，需要进一步的推广；第二，数字文化馆的建设还有很大的拓展空间；第三，目前的数字文化馆还需要进一步的升级，向智慧文化馆的方向发展。

2019 年国家发改委、文化和旅游部等七个部门联合印发的《关于促进“互联网 + 社会服务”发展的意见》，这份文件中明确提出了要推进各类型社会服务主体的信息化建设，包括学校、医院、养老机构、公共文化体育场馆等，而信息化建设的重点就是在管理和服务上拓展智慧化应用。这也

说明，文化馆行业的智慧化建设一定会迎来一个发展的契机。

那么，提高文化馆的智慧化水平，首先我们要思考智慧化建设的方向，其实也就是数字文化馆未来升级的目标，也可以说，打造我们数字文化馆的 2.0 升级版。提到智慧建设，可能很多人会想到高科技、高投入，其实智慧建设离我们一点都不远，现在各大城市都在推广智慧城市建设，其中很多都与文化馆的业务有关联。比如说这次疫情防控工作，从疑似病例的筛查，到全员的登记申报，都让我们深刻感受到了大数据的巨大作用，相信这次疫情一定也会坚定我们国家在智慧化建设这方面的决心和力度。所以文化馆在智慧化建设这一块，一定要有前瞻性，要跟上时代发展的步伐，甚至要走在时代的前面，不能再像过去那样“被动式的”“挤牙膏式的”，单纯停留在数字资源建设上，而是应该更主动地去拥抱互联网，始终保持对新技术应用的敏感性，真正实现智慧化运营。

如果说目前数字文化馆更多还是停留在服务和资源的线上化、数字化，那么未来的智慧文化馆无疑将会有一个本质上的飞跃。未来的智慧文化馆不仅仅是智慧场馆建设这样看得见的硬件，还包括了管理理念、管理体系、运营体系的全方位的升级，最终会实现成体系的智慧化。那么，智慧文化馆的具体呈现方式将是怎么样的？我有三个不成熟的想法，或者说对未来智慧文化馆的期待，在这里跟大家分享一下。

第一个是文化馆运营和管理的智能化。首先，就是要推动数字文化馆建设的升级，正如前面所说，打造数字文化馆的 2.0 升级版。比如说非物质文化遗产的展馆，要更多地向线上转移，加强在移动客户端的展示功能。比如说对日常文化活动的数字化、视频化，目前的比例还偏低，未来要形成常态化；其次，就是要跟上技术创新的步伐。我们都知道，技术运用上肯定是“跟新不跟旧”，所以要大胆地尝试和使用新技术、新平台。为什么提出这一点？因为在我们的体验场馆建设中，曾经出现过场馆刚刚建好，技术上就已经过时的状况。所以，在数字化建设上一定要跟上技术更新的步伐。有条件的场馆最好是一步到位，实现全覆盖的智能化管理。比如说，剧场、展厅、课室的灯光系统、音响系统，场馆的人流量、上座率等，我们能不能可视化呈现、数据化管理?

还有就是要加大文化服务的协同性和共享性。智慧化建设不能局限在文化馆一个单位，而应该是跨行业、跨领域的资源共享。目前，无论是市场专业机构，还是博物馆、图书馆等其他的文化行业，其实都在积极地探索智慧化建设。在当前文化和旅游融合发展这种大趋势下，“文图博美”四大文化部门相互之间打通壁垒，实现局部的融合，不仅是完全可行的，也是可以预见的未来。

例如重庆的群众文化云平台就是一个非常好的案例，平台不仅仅实现了文化领域的融合，甚至实现了跨领域的服务共享。作为重庆文化馆系统的公共数字文化服务平台，不光提供数字文化服务，他们还在原有的“文化物联网”基础上进行升级，开展了配送点单、志愿者服务、大数据统计等更多的服务内容，覆盖了重庆市的38个区（县），很受老百姓的欢迎。同时，他们还通过采集公共文化供需的大数据，掌握了用户的需求，为每一个走进文化馆的市民匹配喜欢的公共文化服务，真正实现了精准的推送。

第二个是数字文化生产和传播的交互化。我们都知道，自媒体时代的最大特点就是信息传播的交互性。今天，人们已经不满足于单方面的接收信息，更需要双向的互动，需要发表自己的观点、表达自己的感受。但是目前，我们大部分的数字文化服务产品还只是对内容进行一个简单的拼凑，摆两台摄像机，把线下的活动和服务录制下来，简单编辑后上传到网上，其实这还不能算得上是真正的数字化资源。因为线下和线上是完全不同的表现形式，不能简单地把线下搬到线上，而是要按照网络传播的规律进行二次加工，要体现与受众的互动性，让受众不仅仅是接收信息，还能参与进来，在线互动交流，这样我们才能掌握市民的文化需求变化。

疫情期间，敦煌研究院与腾讯文创合作推出了“云游敦煌”小程序，上线短短十天，用户量就突破了百万。通过这个小程序，用户不仅能够看到敦煌石窟的壁画、彩塑和石窟建筑，了解敦煌石窟的历史，还可以在线生成一个“私人定制”的壁画故事和智慧妙语，分享到朋友圈，对感兴趣的图片，你还可以标记上“想去”，应该说，这个小程序为敦煌增加了很多粉丝，为敦煌文化和旅游产业的推广发挥了很大的作用。

第三个是资源服务的共享化。目前我们的文化活动和服务，无论是线上还是线下的，都还是以文化馆为主阵地开展的。但这与互联网时代的开放、共享的理念是不适应的，所以我们应该要打开大门，打造没有围墙的文化馆。这种开放不仅是让外部的资源为我所用，还要打破壁垒、开源合作、共建共享，实现资源使用的最优化，以及社会效益的最大化。

此次疫情中，东莞市文化馆就做了一个尝试，推出短片《致敬最美的你——东莞抗疫影像特展专题片》。这短片展示的是 2020 年 3 月 18 日晚我们承办的“致敬最美的你——东莞抗疫影像特展”的启幕仪式，当时在全市 200 多个核心地段的黄金展位，同时展出 200 多副抗疫一线的照片，持续滚动播放一个月，当时东莞市第二批援助湖北医疗队即将凯旋，这个特别的影展也是向所有的抗疫英雄献上了一份很有温度的礼物。这个影展虽然是东莞市文化馆承办的，但是大家从视频可以看到，所有的照片不仅是在文化馆的展厅里展出，而是在整个城市公共空间，包括展览馆、商贸城、高层建筑、公交站等展出。照片的拍摄者有摄影协会的专业人士，还有医生、记者、学生等各行各业的普通人，受众则覆盖了全体市民。所有的单位、企业和机构都是以公益方式参与，相当于大家共同完成了一场跨越时间、空间和组织三个维度的公共文化服务，产生的社会效益毫无疑问远远超过在文化馆的场馆内举办的任何一场展览。虽然这是一场在特殊时期下实现的公共文化服务，但是其中体现出来的互联网思维，特别是这种资源开放和共享、全社会共建共赢的运作思维和方式，可以供大家在今后的工作中参考。

（二）品牌

我今天分享的第二个关键词是“品牌”。品牌是个热词，几乎每个行业都在强调品牌意识，文化馆需要品牌建设，这一点毫无疑问早已达成了共识。那么，文化馆究竟该如何打造品牌？打造什么样的品牌呢？

文化馆的品牌打造应该是对文化馆的整体性的品牌塑造，而不是一个个孤立的活动品牌，就像故宫一样的，要把整个文化馆打造成在一个地区，在一定人群中有影响力的大品牌、大IP。而这种整体性的品牌建设，恰恰是目前文化馆工作中的一个短板。

比如这次疫情期间，本来想大家都在家里不能出门，文化馆的数字服务应该受到关注，但是实际情况却恰恰相反。这当然有我们所提供文化产品质量方面的原因，但是从一定程度上也反映出文化馆的知名度、辨识度不高，换句话说，就是我们文化馆的品牌没有号召力。所以这次疫情也提醒我们，文化馆的整体品牌建设已经是迫在眉睫的课题。

其实，在公共文化服务体系中并不乏品牌建设的成功案例，近年来博物馆行业的品牌打造就很值得我们学习。比如围绕故宫这个大IP，推出了各类火爆的文创产品，有纪录片《我在故宫修文物》，有综艺节目《国家宝藏》；疫情期间抖音平台又不失时机地推出了“在家云游博物馆”活动，播放次数达到3亿多次，通过这一系列的品牌打造和营销，博物馆的形象得以确立，成为全体国民热捧的网红，这对于推动博物馆事业发展无疑是一件大好事。

我们文化馆如何提升品牌建设呢，我想用三个点来和大家一起探讨。

品牌建设的第一个点，是要形成一个记忆点。我们都知道，今天是一个信息爆炸的时代，面对海量的信息，受众越来越没有耐心，无论是阅读文字还是观看视频，都呈现出碎片化的特点。在这样一个信息传播碎片化的时期，想办法建立一个简洁明了的记忆点，是培养品牌意识的第一步。我们还用博物馆来举例子，各大博物馆最有影响力的藏品，或者说镇馆之宝，就是它们各自的记忆点。比如罗浮宫的“蒙娜丽莎”、三星堆博物馆的“青铜大立人”等。

但是文化馆只是一个综合性的公共文化服务平台，换句话说，我们没有独一无二的“镇馆之宝”，我们有的好像其他一些文化机构也有，没有独特性和不可替代性，那怎么建立特别的记忆点呢？

文化馆的服务定位虽然是全面的、覆盖性的，但是在品牌建设上一定要聚焦，要集中力量打造具有不可替代性的特点。我认为，文化馆可以将自己打造为“具有地方特色的民众文化艺术生活场所”。首先，这也是全民艺术普及的重要内容，更重要的是，立足于本土，挖掘本土特色文化的传承发展，可以打造文化馆的记忆点。上海市群众艺术馆有一个点让我印象深刻，场馆布置中设有上海方言墙，有体现地方记忆的街景还原，很多参观的市民都在这里拍照留念，这就形成了记忆点。如果说博物馆传承的是地方历史的文脉，那么文化馆可以传承发展地方的人文风俗，打造地方文化乡愁记忆体验馆这一品牌，而且可以和目前的文旅发展、乡村振兴结合在一起。日本和韩国都曾经历过这样的阶段：当人均 GDP 达到 1 万美金的时候，本土文化就会强势崛起，更多的年轻人不再追逐洋货，转而欣赏有本民族文化特征的产品和品牌。2019 年我国的人均 GDP 已经突破 1 万美元，按照发展规律，我们也将迎来这样一个文化自信的增强期。文化馆要抓住这个机遇，把乡愁这个品牌打造起来。

品牌建设的第二个点，是要打造一个热点。在商业领域，话题营销、事件营销，都是常用的手法，其实这些方式都有一个共同点，就是打造热点。

这里我想讲讲文化馆的宣传推广。文化馆的工作经常是“5+2”“白 + 黑”，埋头苦干却很少宣传自己。我们经常给市民讲故事，但是却很少有人听到我们文化馆人的故事，其实这不仅仅是一个自我宣传的需求，更是一个提高市民的知晓率、提高服务覆盖面的需求。新时期的文化馆人要积极地与媒体平台合作，讲好自己的故事，讲好文化馆故事，打造文化馆热点。比如中央电视台拍摄的《国家宝藏》节目，演员阵容豪华，有“博物馆国家队”，九大博物馆馆长坐镇，还有各路流量明星、权威专家、著名学者；在讲中国宝藏故事的同时，也讲出了博物馆人的故事，这就是打造热点。这不是一个博物馆能产生的效果，而是由一群博物馆共同发力、共同打造，非常值得学习。所以，文化馆首先要对手中的地方文化资源精雕细刻，做成精品，同时要善于利用好新媒体，学会造势，打造热点。

品牌建设的第三个点，是搭建一个枢纽点。前面我也讲到，在今天这样的互联网时代，文化馆需要保持开放共享的理念，要打造没有围墙的文化馆。而且，公共文化服务的社会化发展是一个必然趋势，国家也一直倡导要鼓励扶持社会主体，参与到公共文化服务中，那么，文化馆与这些社会主体要保持一个什么样的关系呢？我认为，我们应该发挥综合业务的特点，成为公共文化服务社会力量的孵化中心、孵化基地，把文化馆打造成一个枢纽点，为公共文化服务机构输送社会服务主体。

早在 2015 年，上海浦东新区文化艺术指导中心就成立了公共文化服务社会组织孵化基地。他们对社会组织进行标准化、规范化、系统化的培训指导，让社会组织掌握现代公共文化服务的各项标准和要求。孵化合格的社会组织可以拿到资质证书，并且被纳入“合格社会文化服务主体推荐目录”中，供社会选择。之后，他们还策划了公共文化服务采购会，为公共文化服务的供需双方搭建对接平台。借用中心王玺昌主任的话，“我们先要与狼共舞、然后引狼共舞，最终引导社会力量助力公共文化服务提档升级”。

（三）社群

文化馆做的是人的工作，做的是公共文化服务，不管是智慧化运营还是整体品牌的打造，核心都是围绕着人，为人提供服务。所以，今天我分享的第三个关键词是社群。

相信很多人都曾经有过这样的经历，被某个朋友拉进一个微信群，这个群可能是推销打折商品的或者是你付费报名参与的学习群。如果是，那恭喜你，你已经对“社群”的概念和“社群营销”这个近几年非常火的网络营销方式有了直观的体验。

“社群”一词起源于拉丁语，意思是共享居住空间，共享兴趣或其他共同点的人群。社群与我们文化馆常说的社团不同，它没有成熟严谨的上下组织架构，活动的动力源自于成员发自内心的自愿。就像微信上的读书群、知识付费学习群，里面的人可能互不认识，也没有见过对方，但他们已经自然地组成了社群。

过去，对于文化馆服务群体，我们通常的划分方法就是将之划分为“老中青”三代。但是这种简单按照年龄层次的划分方式，恐怕已经不适应今天的多元化的文化需求。比如说，是不是老年人都爱跳广场舞，青年人都只爱街舞呢？答案肯定不是。我觉得社群的概念，有助于帮助我们更好地了解民众的需求。用发展社群文化的路径，可以提升我们的服务质量。

例如上海群众艺术馆很早就开始关注年轻人，组建了很多属于年轻人的社群。他们从虚拟社区入手，通过豆瓣、百度贴吧、微博等平台，组建了插画、模型、玩具、折纸等个性鲜明的网络社群，开展针对性的服务。他们还举办了“80年代怀旧玩具展”“橡皮章6人原创作品展”等很有新意的活动，吸引了来自不同社群的玩家，可以说是主动去了解年轻人的喜好，以及更好地服务年轻人群体；同时，也拉近了与青年群体之间的关系。当我们用社群文化的理念来开展公共文化服务的时候，我们会发现：

第一，我们可以跟上移动互联网的发展趋势，向细分群体提供精细化服务。如今我们一天产生的信息量是2000年以前人类所有信息的总和，但是我们能接收到的信息是非常有限的。我们往往会从与我们兴趣相同、爱好相近、价值观一致的群体中获得信息，构成人际传播的链条。相对应的，现在的服务更趋向于细分群体的定制化、精细化，比如头条新闻的推送，比如哔哩哔哩网站2019年底推出的“二零一九最美的夜”（B站跨年晚会），成了所有跨年晚会中的最大黑马，被《人民日报》称为“最懂年轻人的晚会”，晚会总播放量高达9400多万，弹幕总数达到了300万。这都是因为他们精准把握了“90后”“00后”细分市场用户的需求。

第二，我们能够发挥社群的圈层效应，逐步形成文化馆的核心圈层。社群本身具有圈层效应，有核心圈层、组织圈层、扩散圈层，也就是说有意见领袖、运营人员、普通成员。好的社群都会有内容、有互动、有方向、有价值。文化馆尤其需要这样的社群来充实我们的目标服务群体，让我们与社会主流群体的供需形成有效的对接，进而实现对文化风尚的引领。今天我们所说的社会主流群体，绝不是传统观念中按照老中青三代这样简单的分类，也不是单纯地按照社会阶层划分，而是体现出多元化的细分趋势，当我们服务好一个个细分群体，扩大我们的服务圈子，实际上我们就是在服务社会主流群体。在这个过程中，目标社群的孵化培育可以是多种形态的，它可以存在于虚拟空间，也可以落地成为我们的专业组织、专业社团。

第三，可以发挥社群的自我组织功能，更好地实现文化的创新创造。公共文化机构的服务与各类型社会主体相比，服务供给的精准度、体验性还是有所不足的。我们不能总是想着依靠公共文化机构自身单打独斗，文化馆没有精力做这么多事情，应该想方设法发挥广大市民的文化主体性。社群或许可以成为一条有效的路径。

以上就是今天我和大家分享的全部内容，主要是对文化馆未来发展方式的思考。最后我想说的是，无论接下来的文化馆往哪个方向发展，发生什么样的变化，其实都是为了一个目标服务。这个目标就是不断地提升公共文化服务的质量，让公共文化产品跟得上时代的脚步，让我们的文化服务不再是单纯为了消磨时间的免费大餐，而是成为让生命更加美好的心灵享受；不再是食之无味弃之可惜的鸡肋，而是有滋有味、好看好玩，又能提升素质的品质生活。

在线互动交流

主持人：好，黄晓丽馆长录播的课程结束了。我们把黄馆长已经请到了网络直播间。黄馆长，您好！

我们的思考和讨论到现在播出了9讲，今天终于迎来了一位女嘉宾。黄晓丽馆长一直是替年轻、活力、创造、革新“代言”的，没想到一场疫情引发了你那么多深刻的忧虑和思考。不过，对于一个国家、一份事业、一个行业来讲，面对重大危机确实应该有更多的审慎思考，去忧患当下、谋划未来，通过这种自立、自省、自我革命，把我们暴露的问题和短板转变为行业创新变革的动力，或者你所说的创新发展的“催化剂”。你刚才讲到智慧、品牌、社群这三个方面，就像是为大家打开了一扇窗户，试图去探一探文化馆以外或者说文化馆未来的样子。因为时间原因，我从前期的主题征集以及网友在互动区的留言中选几个问题，请你在线给大家解答。

我非常赞同您讲的一个观点，就是要将文化馆打造成一个大品牌、大IP。特别是您总结的三个点非常到位，即记忆点、热点、枢纽点。有网友在留言区中提出这样一个问题：文化馆创建的群众文化活动品牌与文化馆整体性品牌（以及你说的大IP）之间是什么关系？如何统筹协调？

黄晓丽：这个提问非常有针对性，我相信这也是很多文化馆人普遍的疑虑。过去我们一直都在集中精力培育一个个活动品牌，但是在整体品牌的打造上缺乏主动的意识，其实我觉得就是因为没有处理好整体品牌与活动品牌之间的关系。

我理解整体品牌与活动品牌的关系应该是相辅相成的，是整体与局部的关系，打个比方，文化馆就像一座园林，园林里有植物、有池塘、有亭台楼阁，这些一起构成了整座园林。每一棵树都有自己的名字，每一个亭台楼阁也都名字，而整座园林更需要一个雅致的名字，所以才会有那么多著名的园林，让我们不仅能记住园林的名字，也会记住园林中最著名的景观。比如说苏州的狮子林，鼎鼎大名，那么提到狮子林，大家一定会想到里面的假山，可以说没有假山就没有狮子林的名气，但是假山很多园林里都有，而狮子林里的假山如果没有狮子林这个大品牌，也不会被那么多的人记住。所以，我觉得文化馆的整体品牌和活动品牌，就是这样的关系，是相辅相成、缺一不可的。

当然了，也许大家会说，这个道理很容易理解，但是具体究竟该怎样打造大 IP 呢？前面我也提到了，文化馆的服务很宽泛的，活动品牌很多，但是没有“镇馆之宝”。所以我觉得要对症下药，在保证综合性的公共文化服务的同时，也要有意识地、精心地培育有影响力的文化活动品牌，也就是说既要有百花齐放，也要有一枝独秀。借用现在网络的热词，要有“爆款”的产品，人们一提到这个爆款产品，就马上想到文化馆，这样就能逐步地建立起文化馆的整体品牌，而整体品牌一旦建立起来，对其他的活动品牌也会起到推动作用。就像狮子林，游客因为想看假山去狮子林，但是进去了肯定不只看假山，还会看其他景观，这样就形成良性循环，品牌互补。

在这里我也想介绍一下东莞市文化馆的做法。从 2016 年起，我们就把“现代文化馆”作为整体品牌来打造，这个“现代”元素的培育就是要用一些精心设计的活动品牌来体现。比如我们开展的“时令东莞”东莞文化年历活动，主打的是传统文化，普及二十四节气时令、重要的传统节日等。活动中我们用电子年历的形式进行推广，大家只要有手机就能看到，这个普及率就远远地超过了场馆里的展示。再比如我们推出的东莞文化四季，主打就是现代的都市文化，其中的青少年艺术季，每一季的活动就近 100 项，通过这些活动品牌，逐步在市民心目中树立了一个比较富有现代气息的文化馆整体印象，而不再是老气横秋的传统形象，通过这样的协同打造，我感觉“现代文化馆”的整体形象正在初步建立起来。

主持人：有一句话最近在文化馆行业当中流传很广。大家都在讲：衡量一个行业是否有希望，要看年轻人是否把这个行业当成自己的梦想。所以，近两年来，关于文化馆对年轻馆员的培养以及拓展面向年轻人的服务领域的讨论在业内成为热点。2019 中国文化馆年会也举办了题为“青年说·新力量”的主题论坛，很多优秀的年轻馆员登台，畅谈自己在文化馆的追梦历程。针对刚才你讲到“社群发展”对公共文化服务的作用，有网友提问：在推动青年社群建设发展方面您有什么建议？

黄晓丽：2019 年我们举办了东莞文化四季的最后一季——城市青年创意季。当时我们的目标受众很清晰，就是青年人。但是“90 后”“00 后”到底喜欢什么，我说了不算，他们自己才是最了解自己的人。所以我让馆里的年轻同事作为这个项目的负责人，推出了“青红造白”青年文化艺术活动、“城”心“城”意青年文化设计交流周、青年客厅、城市青年说，一共是四大版块，合计起来有 40 多场活动。这里面有许多的创意是我无法想到的，这些活动最终培育了很多特色鲜明的青年社群，把很多过去从没来过文化馆的“90 后”“00”后吸引进来，可以说拓展了公共文化服务的空间。

那么，是不是要完全放手给青年自己去呢？当然不是，在这个培育的过程中，文化馆的引导是必不可少的。创意的源点要来自于青年自身，因为他们才知道年轻人喜欢什么，但是在文化传播的导向上，比如活动本身体现怎样的价值取向，年轻人思维活跃，有时可能把握不准确，这种情况下就需要我们去引导、修正，当然对青年群体的创意不能简单粗暴地否定，要在肯定和鼓励他们的前提下，因势利导、建设性地引导他们调整到正确的方向。

这里还有一个工作小窍门，就是要充分发挥青年社群中意见领袖的作用。其实无论什么样的社群，意见领袖都是引领方向的关键，我们首先要确保意见领袖的方向正确，另外通过这些带头人，我们也可以更好地了解青年人的诉求，形成更好的互动关系。

还有一点，就是要为青年社群发展提供持续性的保障，不仅尊重他们的理念，还要实实在在给他们提供空间，提供条件。年轻人思维活跃，兴趣热得快也冷得快，很多青年社群随聚随散，这就需要我们对一些发展好的、有影响力的社群提供持续不断的扶持，有条件的文化馆还可以给一些补助，让他们产生成就感，这样才能保证青年社群可持续、健康的发展。

主持人：我们在前期征集主题的时候，有馆员留言提出：文化馆在社会化的环境中充当怎样的角色？刚才你在分享中提出了“枢纽点”这个观点，我觉得是个很好的答案。文化馆按照公共文化服务社会力量的孵化中心、孵化基地的方向设计新功能，应该是应对势不可挡的社会化新趋势的很好的思路。近几年出现的区域性的公共文化和旅游产品采购会（以下简称“文采会”）“文采会”就是这一“枢纽”功能的体现，比如浦东、上海、成都等地都举办过文采会。东莞去年 9 月份也成功举办了粤港澳大湾区“文采会”，影响力很大。你可否借此机会，给大家分享一下举办“文采会”的经验，以及如何“从与狼共舞到引狼共舞”，最终引导社会力量助力公共文化服务提档升级的。

黄晓丽：“文采会”是近年来公共文化领域的一个热词。我们也是受到浦东文采会的启发，希望通过文采会这种方式，破解我们资源有限、人才不足的问题，吸引更多的社会力量参与。我们在 2018 年策划了首届东莞文采会，2019 年抓住粤港澳大湾区建设的契机，升格为粤港澳大湾区公共文化和旅游产品采购会。可以说，这个大湾区文采会，首先还是抓住了“融合”这一最大的热点。粤港澳大湾区建设的一个重要目标就是建设人文湾区，大湾区里有 11 座城市，各个城市无论是文化、语言还是风俗习惯，既一脉相承，也有一定差异性，推动人文湾区建设，首先就是文化的融合。所以我们主动邀请香港、澳门和珠三角各个城市参加文采会，比如香港中华文化总会、香港联合国教科文组织协会以及澳门的一些专业文化机构，都来文采会亮相了，大家都觉得这种交流展示的机会非常难得，也为未来的合作打了基础。

还有一个就是文旅体的融合。我们都知道，现在很多地方的文化、旅游、体育机构已经融合了，那么接下来在内容上怎样融合？我们希望这个文采会能够提供一种尝试，所以我们把旅游、体育方面的企业也引入到文采会，大家把产品都摆在同一个平台上，你采购我的产品，我采购你的服务，在产品和服务上打通，我觉得这是文旅体内容融合的关键一步。

说到“与狼共舞、引狼共舞”，文采会的确是引入了一大批“狼”，但是这些“狼”不是来抢我们的饭碗的，是和我们一起把蛋糕做大的，最终一定会形成共赢的结果。我们可以“晒”一下数据，2019 年的大湾区文采会，我们最终吸引了 342 家参展商，展出了文旅游三个方面的 4000 多种公共文化产品，最终签订了近 300 件合作订单，合作金额大约 7800 万，合作项目比 2018 年的文采会增长了 85%，合作金额增长了 200%。这些数据足以证明文采会的平台作用是巨大的。

其实搭建文采会这个平台，我们的主要目的，或者说唯一目标，并不是为了交易，而是让供需双方见面和对接。比如说，东莞的一些本土企业通过文采会认识了合作伙伴，他们合作起来共同打造创意品牌，大家一起把品牌做大。这种更多元化、可持续性的供需对接，才是我们所看重的。

还有一个就是我们非常重视市民在文采会中的体验。我们认为，文采会不仅是一个专业展会，还是一个老百姓都能参与的文化盛会、文化嘉年华。所以我们在布展的时候推出了一系列的精品演出，发放了 6700 多张入场券，我们还策划了“点赞”活动，让老百姓来评比参展商，看看哪个摊位的产品最能吸引他们，让文采会的人气也热闹起来。

在这里请允许我借用李国新老师的话，他说：“东莞文采会没有追求形式上的高大上，而是放在了公共文化场所，聚焦供需对接，老百姓就像逛

‘文化超市’一样，真正体现了公共文化是老百姓身边的文化。”文化和旅游部公共服务司也给了我们高度的肯定，目前我们正在积极筹划今年在东莞举办首届全国文采会。等确定好以后，邀请各位同行、各位朋友，今年年底到东莞来参加全国文采会，咱们一起探讨文化馆的未来。

主持人结束语

创新是引领发展的第一动力。随着现代公共文化服务体系建设的蓬勃发展，随着新时代的到来，关于高质量发展的理念创新、服务创新、管理创新，在新一代文化馆人中间思潮涌动。其实，抓创新就是抓发展，谋创新就是谋未来。关于对文化馆未来的构想，不只今天这一次，相信黄晓丽馆长的分享能够激发起更多的同人参与到对未来文化馆的思考、谋划和畅想之中。

再次感谢黄晓丽馆长精彩的授课！

网友留言精选

1. 公共文化服务不是单纯为了消磨时间的免费大餐，而是为了让生命能有更加美好的心灵享受。文化馆传承发展地方人文风俗，留住乡愁。文化馆行业应当从整体上提升自己的辨识度和影响力。每个地方，哪怕是一个社区（村）都可能有自己的特色，但如果能把几个社区、镇所共性的东西进行整合，做强做大品牌，那影响将更大。

2. 整合城市资源，延伸服务手臂，在城市关注热点上，策划有温度有高度有强度的文化活动。社群就是一个可以及实施精准服务的群体。能引领就要针对不同群体，被不同群体所接受。文化四季，每一季聚焦不同人群，真正服务于各群体了。

3. 品牌打造，是对文化馆的整体性的品牌塑造，让“文化馆”本身也能够成为一个大品牌、大 IP。文化馆创建的群众文化活动品牌与文化馆整体性品牌之间是什么关系？如何统筹协调？

4. 对于大数据而言，首先要做好数据的采集、记录，再通过分析真正了解不同群体的需求，及时评价我们所开展的活动是否适应时代发展，及时调整工作方向，真正做到以人民为中心。

讲座与互动视频二维码

第十讲

谈谈文化馆的开放性

主讲人简介

萧烨璎，上海市文化和旅游局公共服务处处长、文化和旅游部国家文化和旅游公共服务专家委员会委员、上海市青联常委。长期致力于公共文化和群众文化领域实践与服务，积极探索大型公共文化设施服务模式创新、大型市民文化活动举办机制创新，是上海市民文化节、上海公共文化供给侧改革等重大项目的策划者、推动者、组织者。

主持人开场词

改革创新，群策群力，共谋发展！

文化馆站的各位同人、各位网友：

欢迎收看由中国文化馆协会主办、国家公共文化云技术支持的，“文化馆事业发展的思考与讨论”直播第十讲。我是本次讨论的主持人——中国文化馆协会秘书长赵保颖。

今天我们邀请到的主讲嘉宾是上海市文化和旅游局公共服务处处长萧烨璎。萧烨璎处长现在还兼任着国家文化和旅游公共服务专家委员会的委员，是中国文化馆协会的常务理事、上海市群众文化协会的会长、上海市青联常委。

萧烨璎处长于2009年到有六十多年历史的上海市群众艺术馆（以下简称“上海市群艺馆”）担任馆长。2011年5月上海市群艺馆新馆改扩建完成正式开放。多年来上海市群艺馆一直勇立潮头，锐意进取，坚持开放办馆，坚持实施平台战略，坚持创新服务方式，确立了“建立一流的公共文化设施、提供优质的公共文化服务、打造多彩的人文艺术家园”的办馆理念，探索出了一条文化馆发展的新路子，成为上海城市文化建设的一支重要力量。上海市群艺馆曾经获得“全国文化系统先进集体”“全国基层文化志愿服务活动优秀项目”“上海市五一劳动奖状”“上海市青年五四奖章集体奖”等多项殊荣，由他们承担的“上海市民文化节”和“公共文化内容配送”等重大项目在全国文化领域都产生了较大的影响和示范效应。萧烨璎处长本人也是中国文化馆年会评出的首批全国文化馆榜样人物。

今天她给我们带来的思考和讨论主题是“谈谈文化馆的开放性”。

主讲人在授课的过程当中，大家可以通过播出界面的互动区留言提问。课后我们将连线萧烨璎处长与大家互动讨论。还是要提醒大家继续巩固疫情防控成果，尽量避免聚集性的收看活动，并做好自我防护。

“文化馆事业发展的思考与讨论”第十讲现在开始。

讲稿精粹

非常高兴今天能回到馆里，在我工作了十年的地方，和大家聊聊我们的文化馆。我喜欢文化馆工作，不仅是因为这里有舞台，更因为这里是平台，文化馆是一个可以汇聚各种资源进行创作、创新、创造的大平台。可以说，文化馆的“开放性”赋予了它强大的“可塑性”。今天，我想跟大家聊聊的话题，就是“文化馆的开放性”。

那么从何说起呢？我想就从最近的开始说。两周前，已经进入第八个年头的“上海市民文化节”，以一种特殊的方式拉开了序幕。3 月 28 日“云上文化服务日”一天便吸引了 1009 万人次的浏览量，可以说是上海市民文化节从 2013 年举办至今单日活动最火爆的一次。“文化上海云”的主平台和 13 个区的子云平台，一共吸引到了 1009 万的总浏览量，点赞量达到了 31 万多，转发量达到了 92 万多，这是一个非常鼓舞人心的数据。我们在“文化上海云”平台上设立了云精彩、云剧场、云展厅、云讲堂、云赛场、大美育、云市集、长三角 8 个频道，云集了全市 16 个区的群众文化队伍、专业文艺院团、优秀的民营剧团和社会文化机构，汇聚了长三角地区丰富、优质、各具特色的文化资源和产品，让上海市民享受到了 12 小时不间断的“云上”文化大餐。

一、文化馆的“开放性”赋予了它强大的“可塑性”

让我们深刻认识和体会到文化馆的这种“开放性”的正是上海市民文化节。与其说上海市民文化节是当时的市文广局交给上海市群艺馆的一项任务，不如说是在新的历史阶段为文化馆这样的传统公共文化设施打开的一扇门、撑开的一片新天地。

文化馆的属性决定了它的“开放性”，它既是设施，又是机构。一方面，属于文化馆物理空间的场馆 365 天免费开放是社会对它的基本要求，在开放中不断提升服务效能，最大限度满足人民的精神文化需求是它的“自我修养”。另一方面，作为机构，在依托场馆这一实体空间提供服务和内容以外，它还承担着推动城市公共文化体系逐步完善、为区域内的全体百姓提供公共文化服务、营造城市文化氛围、提升城市文化活力等职能。这些职能，很多是没有清晰边界的，文化馆的服务本身便包含着自我破除限制和边界的觉醒，而这也正是文化馆相对于图书馆、美术馆、博物馆等其他公共文化设施机构所特有的一种属性和优势。

因为市民文化节，上海市群艺馆实现了功能再造和地位重塑，实现了向上海群众文化“司令部”的转型。群艺馆在机制设计、统筹集聚、资源协调、指导优化以及服务各方的枢纽作用日益凸显，市民文化节平台成为群艺馆在新时代确立的新的文化功能和定位。

因为市民文化节，文化馆明晰了自己的站位，理解了群众文化的本质和内涵。人民群众是市民文化真正的“主角”，我们都是服务者，管理也好，指导也罢，最终都要融入市民群众的文化服务中。

因为市民文化节，文化馆的触角不再局限于以往单一的群众文艺和群众文化活动，而是与政府部门、专业团体、行业协会、社会组织、品牌节庆，以及其他公共文化设施机构密切合作。这也说明了群众文化、市民文化、公共文化必须打好组合拳，才能实现共融共赢。

因为市民文化节，文化馆参与社会治理和在上海现代公共文化服务体系建设中的作用得以有效发挥。从“公共文化配送产品设计大赛”，到“文化上海云应用大赛”，从“公共文化空间创新设计大赛”，到今年的“短视频征集”“微游线路设计大赛”，无不紧跟当下公共文化和市民文化发展的新步伐。

这些都是为文化馆的开放性赋能。正是这种开放性让我们能够市区联动，携手各方，搭建起一个资源集成优化延伸的开放平台；一个让普通民众实现艺术梦想的舞台；一座连通各类文化活动实施主体与受众群体之间的桥梁。我们也从以往服务小众向服务大众延展，越来越多的人开始知道群艺馆、文化馆的存在。

文化馆的这种成长性不仅源于我们文化馆自身，也源于文化馆的许多业务干部。这里为大家介绍一位同事，我们一起做市民文化节 7 年，一起经历了从最初痛苦的摸索前行到现在的行稳致远，“3 · 28 云上服务日”这天她还首次出镜，为大家导览了“美好空间”专题展，收获了 10 万 + 的浏览量。接下来就由上海市群生活“80 后”青年业务骨干张昱与我们分享她在文化馆的成长。

问：这次直播收获这么多的浏览量，是不是很激动呢？

张昱（嘉宾）：是的，非常激动！“此次直播导赏”其实是为了配合“美好生活——公共文化空间创新大赛”成果展览而做的。通过两年的评选，我们发掘了 88 个又美又好又新的公共文化空间点位，非常值得推荐给大家。在现在疫情防控的情况下，我们就在想既然已经有了这么好的成果，而且已经形成了 8 条可供市民自助游览的线路，为什么要把它“藏在深闺人不识”，为什么不让更多的人看到它、关注它，享受它带来的服务和美，这才酝酿出这样一场直播导赏。当天的数据最后冲上 10 万 + 的时候，说实话有一点点吓到了，但同时也给我们打开了一扇窗，我们文化馆做业务的同志，从前都是躲在幕后，做好案头工作、策划组织工作就可以了，但是现在新的形势把我们逼到了台前，让我们也进行一些跨界的尝试，比如去做一个主播。此次直播取得的小小成功，也给我们树立了信心，让我们将来在做任何工作的时候要树立“敞开自己”的意识，让更多的人能够看到我们，看到文化馆。

问：“美好生活”创新空间大赛已经连续举办两年，你也跟了这个项目两年，有什么体会吗？

张昱（嘉宾）：“美好生活——公共文化空间创新大赛”已举办两年，通过两年的大赛，我们选出了一大批兼具创新的设计理念、高颜值的空间、优质的运营服务和管理的空间。我们做大赛的初心，并不是评奖表彰，而是希望通过这样的选拔，树立典型的案例，来推动更多的空间向更优质的服务出发。从传统的意义上来看，公共文化设施，比如文化馆、群艺馆、社区文化活动中心，有比较朴素的会场、剧场、展厅、教室可能就能实现其功能。但现在老百姓的要求越来越高、需求越来越多样化，这就不仅要求公共文化设施在空间上具备基本的功能之外，也要更加关注空间的颜值、设计理念、社交体验感。为了不断满足群众的需求，公共文化场馆不能再满足于原有的“我们提供什么，群众进来就接受什么服务”的发展模式，而是应该根据新形势为老百姓带来更好的体验、更美的享受。

二、文化馆的“开放性”需要开放对文化馆工作理念的挑战。

（一）首先要解决“我是谁”的问题

至今上海市群艺馆新馆已投入使用九年，从开馆之初即确立了“开放式办馆”的理念。百姓的文化权益并不是我们提供什么，百姓被动地接受什么，而是百姓需要什么，我们去为他们定制什么，甚至是要在空间规划之前、项目立项之前就把百姓和专业力量请到共同议事的圆桌上。让百姓既成为文化馆服务的享用者，也成为文化馆决策的参与者、内容的提供者、空间的管理者，成为真正的主人。

经过多年的打磨和运作，上海市群艺馆已经形成了一批集聚性的品牌。现在馆内每年 80% 的活动都是由社会主体举办，普通的业余文艺团队、艺术达人不断自发举办和推出文化活动，为文化馆带来自然的流量，将以往不知道群众艺术馆的人带了进来，从而让大众有机会了解我们的各种各样丰富多彩的文化活动和文化资源。比如每年 1 月 1 日，上海市群艺馆与上海市 ModelZ 模型俱乐部合作举办的模型大赛。经过多年运作，该赛事现在已经发展成为全亚洲最大的模型比赛。每年全国的模型爱好者都会带着他们的模型来到群艺馆参加模型大赛。因参加模型比赛的多是年轻男生，这从某种程度上也是丰富了群艺馆的服务人群。模型大赛后，群艺馆又适时打造了“文化市集”，将原来只在微店、淘宝上开店铺的文化爱好者请到线下来，让他们在文化场馆里展示自己的文化创造，为市民大众展现传统文化的魅力，这样的活动也是吸引了大量年轻人。除举办各种丰富多彩的活动外，上海市群艺馆还为年轻人打造“市民夜校”，提供更多的年轻人喜爱的课程。“市民夜校”课程不局限于传统的舞蹈、唱歌、画画、书法，而是引进了点心制作、皮具制作、手机摄影等年轻人喜爱的、感兴趣的课程。因为备受年轻人喜爱，“市民夜校”的课程也从原先的一个学期 8 门课到了现在的 24 门课。

通过一系列活动我们把文化馆的场馆让渡给了老百姓、社会组织，也吸引了更多的人走进文化馆。这也引发文化馆人的思考：文化馆开放阵地需要打破的不是简单的物理围墙的隔阻，而是管理理念的禁锢、是孤芳自赏带给我们的束缚。文化馆人的存在感应该是市民大众给予的。

（二）其次要解决的是“为了谁”的问题

文化馆承载着公民艺术教育、全民艺术普及的重要职责。场馆开放了，主体进来了，百姓参与了，内容满载了，这仅仅是我们开放的第一步。从广义上来讲，文化馆应该是没有围墙的，我们认识到它为百姓提供的文化服务不应以物理空间为界，而是应当主动把项目、内容、服务从场馆空间拓展到全市范围。

这几年我们文化馆人也主动在这个方面努力的进行拓展，市民文化进了居村、进了滨江、更入了田园。越来越多的文化馆将文化活动送到了文化课堂、送到了邻里会、送到了居村文化活动室，让普通市民能够在家门口享受到居村文化大走亲，享受到公共文化服务。滨江贯通以后连贯 6 个区，文化馆也适时地借助滨江地标打造出了望江驿、小木屋等为游客提供休息的空间，同时把许多富有艺术气息的活动放到了滨江，让市民可以漫步滨江，感受到滨江水岸相接、艺术气息浓厚的独特魅力。

文化馆可以为老百姓挖掘美育价值，引导上海市民在各个角落去接受美的熏陶。所以我想在城市文化发展的进程当中，文化馆人不能与世隔绝，文化馆人也不能置身事外，我们需要的是主动介入、主动进入和主动融入，这样才能寻找到一片更广阔、更美好的天地。

（三）最后要解决“怎么为”的问题

诚然，文化馆提供的公共文化服务，其本身的优势更多还是体现在线下，但在当前互联网空前发展的大趋势下，尤其是因疫情影响，不能大规模聚焦开展现场活动的当下，将文化馆的服务延伸到线上已迫在眉睫。目前，大量活动必须依托“文化上海云”、数字文化馆、微信公众号开展。

此前我们多专注于打造自有平台，汇集资源到自有平台上，这是一种做法。但是，在当下“流量思维”的引导下，我们发现许多网络公共平台拥有各自的受众人群，能够覆盖不同的用户，且面广量大，这种体量的用户是短时间内自有平台的达不到的。因此为了扩大服务与内容的影响力和覆盖面，非常有必要针对不同的平台来推送不同的产品和内容，文化馆不能固守自己的阵地，而要主动出击，用现代化的传播手段在不同的平台上展现自己，形成覆盖多平台的活动发布矩阵。如在 2020 年 3 月 28 的“云上文化服务日”中，我们的活动在哔哩哔哩（bilibili，以下简称 B 站）、小红书、抖音等平台都开设了互动话题，吸引到一些网红主播现场打卡，形成了“主会场 + 多平台散点”的活动格局，这为我们今后活动运作提供了新思路。

今天也特别为大家请到了长宁文化艺术中心主任叶笑樱，3 月 28 日这天她也小试牛刀，亲自通过网络直播，为大家带来了一场非常有意思的活动。我们请她自己为大家介绍一下这场活动。

叶笑樱（嘉宾）：以馆长的身份成为一名主播，的确也是第一次尝试，最终我们这场节目获得了19.8万的浏览量，应该说是情理之中，但是浏览量的数据又让我们又觉得是意料之外。许多朋友和媒体都在问：文化馆为什么会去选择美食作为直播内容呢？首先因为疫情的原因，今年3·28的文化节是首次所有的活动都在线上做直播。疫情以来，很多市民都已经从一个厨房的小白变成了一个美食大厨，这是一个非常明显的变化。抖音上做美食节目的点击量也非常高，说明这是民众关注的、喜欢的事情。选择咖啡作为主题，是因为咖啡应该算是海派文化的一部分。我们并不是一个纯粹的美食制作直播节目，抖音、B站并不缺我们一个美食频道，不需要文化馆来做这样的一个事情，我们更多的是希望以美食作为一个切入点，以丝绸之路、西亚文化为主题讲创意美食和咖啡，从而将文化内涵融入直播中。这档节目融合了很多文化元素，最后受到大家的欢迎，是因为我们已经关注到了市民喜欢的点，我们需要寻找到符合文化馆气质的项目、找到文化内涵与市民喜好的融合点，最后才能够把这个节目做成功。现在我也希望把这样的形式延续下去，把更多的文化元素通过一个轻松美好的方式带给大家。那天的直播主题最后的落点是“我们的岁月静好，是有很多人负重前行，为我们的付出，我们想要安居乐业，前提是要国泰民安”，这就是我们文化馆人想要并且应该告诉大家的。

问：作为区文化馆的一馆之长，你可以谈谈文化馆的开放性与你而言是什么吗？

叶笑樱（嘉宾）：文化馆是一个非常神奇的地方，它容纳了很多艺术的门类，音乐、美术、书法、戏曲、戏剧、摄影、非遗等，服务人群也是全覆盖的，男女老少、新上海人、本土上海人，不同的职业、爱好、梦想的人……如果说文化馆的开放，应该是把新空间的设计、平面的设计全都融入文化馆的工作当中，今后可能还会在艺术上嫁接。比方说5G或者人工智能等新技术也会带给文化馆一个超越阵地以外的无限的舞台空间。所以开放性意味着非常大的空间。但是我认为要做到真正的开放，要求每一个公共文化工作者，对自己的未来工作有明确的思考和规划，公共文化机构的开放其实就是工作人员思想上的开放，理念打开、想象空间打开后，开放也就是自然而然的了。

三、文化馆的“开放性”对文化馆人提出了更高要求

文化馆的开放性，其实是对我们文化馆人提出了更高的要求。开放性也好，可塑性也好，其实最后还都是要通过文化馆人来实现。在这个过程当中，文化馆人也面临很多挑战，当然挑战永远是和机遇并存的。

（一）对新时代群众文化的认识

群众文化是人民享受美好生活的重要载体、把握意识形态主动权的重要手段、创新社会治理的重要方式、提升市民大众素养和城市文明程度的重要抓手、激发民间创新创造活力的重要基础。

（二）新时代群众文化的新特征

需求多元、受众多层、形式多样、服务多极、空间多维都是新时代群众文化工作所体现出的特征。

（三）文化馆人面临的新挑战

未来文化馆人需要提升价值引领能力、服务创新能力、内容生产能力、社会动员能力、策划营销能力和自我更新能力。

文化馆的开放性，实质上开放的是一种“胸怀”，体现在不分你的还是我的，不再纠结于体制内与体制外，不再为官方的还是民间的而厚此薄彼，而是要多讲讲“我们的”。无论是群众文化，还是市民文化，我们服务的对象就一个，那就是老百姓。我们的服务与老百姓日益增长的文化需

求相比、与全社会的文化创造相比，只是沧海一粟。所以，只要是能够有助于市民艺术人文素养提升的、有助于满足市民大众对美好生活期待的，我们都应该以开放的胸怀，用开放的载体、开放的形式、开放的话题，去牵手、去拥抱、去激发、去引领。

未来已至，只要我们敞开胸怀，未来文化馆的天地一定更宽广、前景一定更美好！在这里也向所有群文人表达敬意！也为自己曾是群文人感到荣幸和自豪！

在线互动交流

主持人：您好，萧处长！

萧烨璎：主持人好，各位网友好！

主持人：我还是习惯称呼您为萧馆长，感觉特别亲切。刚才我看互动区有网友说："好事成双，又来了一位女嘉宾。"我想这不是偶然，您跟上一讲的主讲人黄晓丽馆长一样，都是文化馆界勇立潮头的创新型选手。您刚才在开场的时候有一句豪言壮语说："我们文化馆无所不能，文化馆是一个可以汇聚各种资源进行创作、创新、创造的大平台。"我觉得一语既出，让我热血沸腾、自信心爆棚。其实您的课程我在审片的时候一口气连续看了三遍，第一遍我感觉是"原来文化馆还可以这么干"，第二遍我感觉"文化馆确实应该这么干"，第三遍我就想说"我们得赶快实践起来，敞开自己的大门"。所以我这两天在群里或者是圈里推荐您的课程时，都用"不容错过的一堂好课"来形容，我确实也是真心希望我们文化馆的同人都能够来汲取上海群众艺术馆的成功经验。光顾着自己感慨了，我们赶紧看看网友在互动区当中的留言，看看大家都说了什么，问了什么，也请您在线帮助大家解答一些问题。

萧烨璎：好的。

主持人：今天您与大家分享的主题是“文化馆的开放性”，在您刚才的讲课当中大量出现了“开放”“觉醒”“重塑”“再造”“共融”“共享”“打破”“主动介入融入”等词汇，通过这些词，我感觉到上海市群艺馆开放的胸怀，也感受到在新时代一个六十多年的老馆焕发出的青春和活力！

那么开放办馆既得走出去，也得请进来。您的原话是这么说的“交朋友，让社会力量广泛加入”“让市民参与决策”……这对于文化馆或是群文工作者的眼界、知识、能力，包括自信都是巨大的挑战。看起来开放的效果是很不错的，开放这条路走对了，而且走得特别好！刚才我看到有网友在留言区提出一个问题，他问：“上海市群艺馆在敞开大门的初期都遇到过哪些困难，有没有被社会淹没了的危机感？是通过什么方式来化解危机的？”萧处长您能不能给解答一下这个问题？

萧烨璎：开放办馆对于上海市群艺馆来说是一个逐步发展的过程。新馆刚刚开放的时候，面对一个16000平方米的阵地，365日天天开放这样一个情况，我们想到了开放办馆。当时的感觉不是被社会淹没，而是焦虑。有句话说得好“世界那么大，我想去看看”，而我们的焦虑是“世界那么大，我该怎么看？怎样把更多的人吸引到文化馆里来？”。

起初，我和我的同事们也是经历了很长时间的摸索前行。我觉得最应该表扬的是当时我们馆的年轻同志。新馆开放以后，有很多年轻的力量加入到文化馆队伍中，他们都有非常高的专业艺术素养，他们的理念和老文化馆人不一样，他们本身具有这种开放性，也具有主动出击的工作态度。他们想办法主动出击、主动服务，到一些互联网交互平台，如“豆瓣”等找项目和合作伙伴。这种主动出击非常重要，等我们的影响力渐渐出来了以后，随之而来就有了很多自流量。后来，我们又发布了“英雄帖”，招募各路英雄到文化场馆里来，策划组织开展各种各样的活动；也发布了征集令，希望有更多有资源、有项目、有热情，愿意为市民大众服务的力量，来到这里和我们一起携手，做有意思的项目。

在这个过程当中，我们自己也在转变，渐渐地不再把自己当成一个艺术家，而是变成了一个幕后工作者、一个指导员，用专业性来帮助这些社会力量，帮助这些社会主体，甚至是很多个人，提供指导和服务。我们的体会是，只有把更多的人吸引到文化馆，增加群众与文化馆的黏合度，这样文化馆才会有持续和旺盛的生命力。

我一直觉得群众文化最终的目标还是群众自治。当把市民大众的文化自信和文化自觉激发起来以后，他们的创造力就是文化馆发展的最大动力和基础。

主持人：谢谢您！我觉得在近些年和您的交流中，您经常提到就是“发挥年轻馆员的作用”，刚才您对上海市群众艺术馆一系列介绍中也提到年轻馆员在开放思维的指引下，先是把自己推出去、主动出击，然后慢慢把自己转化为一个后台策划者、组织者。但是群众自治的关键还是要落在人民身上，落在人民的主体、人民的自发、人民的自信和自觉上。

萧烨璎：嗯，对。我举个例子，我认为我们文化馆应该设若干个客户服务专员。为什么呢？开放办馆吸引了越来越多的社会主体以后，接待就成了很多馆员的日常工作，他们和社会主体交流，聆听他们的意向和项目，一起讨论项目落地的可行性。有小伙伴就对我说，自己的角色由之前的乙方，也就是别人来找我们做活动，变成了甲方，越来越多的人愿意和群艺馆合作，愿意把他们的项目放到群艺馆、市民文化节的大平台上来。因此文化馆的开放性，从某种程度上也造就了文化馆人的成长性，文化馆人有一种自豪感和文化自觉，这种文化自觉是被慢慢激发起来的。

主持人：是的。文化馆人与文化馆的成长是相辅相成、螺旋式上升的。我知道上海群众艺术馆从来不走寻常路，比如说刚刚过去的“3·28 市民文化节”活动也是适应流量思维的潮流。刚才您在课程当中也介绍了，上海市群艺馆带领 17 个区县的文化馆集体进驻了抖音平台，这其实是一大创举。您也谈到近年来我们文化馆界，包括省（市）一级的文旅主管部门，都在专注于打造自有平台，或者热衷于以自己的平台聚合圈子以外的资源，把自身打造成一个中心，但其实像抖音、小红书、B 站等公共传播平台在人群覆盖面、适应性、传播力上都有非常明显的优势。有网友刚才在互动区当中就问了这样一个问题，他想请您谈一谈“如何处理好自建平台和公共传播平台之间的关系？”

萧烨璎：好的。这个问题基于我个人而言，也是在实践当中慢慢探索和摸索的一个过程。自有平台和公共传播平台，我觉得应该是双轮驱动的。

第一，打造数字文化馆，在线上打造一个未来的数字公共文化空间，是大势所趋。在这个过程当中，我们的立足点应该是更多放在数字资源的内容建设上，这个也恰恰是我们的强项。文化馆是一个包罗万象的业务发展单位，文化馆开放以后，可以集聚更多的资源。怎样把原来线下的资源做成线上的优质资源，这个是大家要共同努力的方向。我觉得应该是在一个“精”字上做文章，打造“内容 +”的大平台，以内容为王，来凸显文化服务产品的品质和特色。

第二，公共传播平台弥补了文化馆的劣势。虽然我们可以制造很多内容，但是我们的传播能力是非常有限的。既然如此，我们就一定要打破“为我所有的才是我的”这种固有束缚，而是要有“不为所有，但为所用”的理念。文化馆是做公共文化的，所以应该要充分利用公共传播平台，将我们的优质资源借助公共传播平台更广泛地传播出去，通过公共平台去“聚粉”，传播主流价值意识。我也特别关注到，这些公共传播平台近几年也开始做内容，比如 B 站去年做了 B 站春晚，引起了极大的公众效应；喜马拉雅和央视合作也打造出了《一堂好课》节目，邀请很多文化大咖和名人来做文化传播。

我们既需要错位竞争，做强我们自己的核心竞争力，也要能够和他们牵手，大家共同来推动公共文化发展。在和他们交往当中，我觉得他们也是很主动、很乐于和我们一起合作的。疫情倒逼数字文化的发展，我们要抓住这个机遇，做好“精”和“广”两篇文章，更有效地拓展公共文化服务，真正解决原来线下服务在时间、空间、人群上不平衡、不充分的问题。

我有一个期待，特别希望未来文化馆能够出一批网红主播，尤其是年轻的业务干部，他们既是策划组织文化活动的高手，也应该成为线上平台帮助文化馆扩大影响力的宣传员和推广者。如果有一天文化馆能有一批网红主播出现，这才能真正肩负起文化馆所承担的大众美育和全民艺术普及提升的职能。

主持人：确实是这样的，谢谢萧处长。我觉得您的好多观点我都非常赞同，我也是这样想的，自有平台跟公众媒体的平台不是此消彼长的关系，应该就像您说的是“缺一不可、双轮驱动”的关系。刚才您说到的“精”和“广”这两个方面，我一直感觉咱们做文化馆的或者是做文化的，一定是以服务为王或者是以内容为王，平台如何其实并不是特别重要。而且我们是公共文化，而抖音、B 站是公共平台，本身“公共”就是天然的结合点，就像刚才您说“不为所有但为所用”，我们都是在内容上做文章。还有刚才您提到的让更多的年轻馆员成为我们文化馆的代言人、文化馆的网红。有了您的号召，我想在未来的一段时间能够在网络上、在公共平台上看到更多年轻馆员的身影，非常期待！

前期我们在征集“讨论主题”的时候，有好多位馆员都希望我们邀请的嘉宾可以谈一谈或者讨论一下“未来文化馆发展的趋势”，那么您可否用几句话给我们描绘一下或是预测一下您心目当中的未来的文化馆是个什么样子呢？

萧烨璎：基于十年来在文化馆的工作经历，我也一直在思考未来文化馆的走向，当然，很难用一个标准来给文化馆画像。因为不同文化馆承担着不完全一样的职责，而且文化工作与我们的地区、人群、经济社会发展水平以及当地的文化特质等紧密相连。如果要说文化馆未来发展趋势的话，我个人觉得可能有以下几点。

第一，文化馆应该成为一个区域的文化枢纽型机构。文化馆人要高举这面旗帜，因为文化馆的属性决定了文化馆是能做这件事情的。如果文化馆将来在事业发展的站位上、能够成为一个地区的文化枢纽，那么它的地位和作用将可以更有效的体现。

第二，文化馆应该成为未来市民大众身边的一个文化生活空间。要拉近艺术和生活的距离，需要再造空间，而不是文化馆打造的原来比较传统的展厅或教室这种自我封闭式的空间。希望未来更多的文化馆能提供更多进入式、融入式、体验感的服务。这样市民大众平时就愿意到这里来和志同道合的艺术爱好者们一起交流，来放松一下身心，而且他们内心的艺术种子也可以在这里发芽。这样一个文化生活空间，能让草根更有光泽，也让生活更有品质。

第三，我觉得未来的文化馆肯定是一个“在线、在场、在播”三位一体的工作场。在这个工作场里面，文化馆人和参与活动的市民大众，都是工作场的建设者、管理者和服务者，他们能够在这个工作场里形成非常有效的、良性的互动，带来更多的文化资源和文化创造，为更多的市民大众提供公共文化服务。

我觉得大概可以从这三个方向去努力。更进一步讲，我个人觉得未来文化馆的模样应该是老百姓说了算。老百姓心目当中的文化馆是什么样的，文化馆就应该是什么样的。文化馆做的是市民人文素养提升工程，通过我们有效的工作，让老百姓的人文素养不断提升，这种提升和增长是我们造就的，但是这恰恰也应该成为我们未来工作新的发展动能。只有扎根在老百姓的心目当中，这个机构才会有更强大的生命力。

主持人：谢谢，萧处长说得太好了！让未来的文化馆发展成为一个枢纽机构、发展成为百姓身边的文化空间。刚才您有几句话特别感人，就是“让草根更有光泽”“文化馆要在线、在场、在播，形成一个有机的整体，形成良性互动”“最后我们到底是什么样子，得让老百姓说了算”，这些话太让我感动了。您可否借这个机会给曾经与您一起奋战在文化馆第一线的同人们留几句寄语或者是鼓励呢？

萧烨璎：那我可以谈一点点感想。我一直觉得文化馆和文化馆人是互相成就的，能够进入文化馆工作的同人都是非常幸运的。为什么呢？因为文化馆的开放性，所以它能赋予你更大的施展才华的天地和舞台；你的工作原来可能是在个人艺术上追求梦想，但是在从事文化工作的过程中你又和老百姓走的近，因此得以实现更大的人生价值，你把更多普通人变成了具有艺术气质、具有某种艺术特长的“明星”，在他们的追求艺术梦想的路上，你帮他们往前再迈进了一步，这一点极大体现了我们文化馆工作的价值。

另一句话就是“文化馆会因为你是怎么样而变成什么样”。《人民日报》原副总编卢新宁对大学生说过这样一句话“你是怎么样，中国便是什么样”。因此我们也可以说：“文化馆人是什么样，未来的文化馆就是什么样。”我相信文化馆会因为有这么多富有情怀、怀抱热情的文化馆人在一线工作而未来可期。所以我虽然目前离开了文化馆工作的第一线，但是我始终把自己当成是一个群文人，只要大家有需要，我不管在什么岗位，都会始终关注、支持、参与群众文化工作的建设，祝福大家！

主持人：好，谢谢萧烨璎处长美好的祝福和大力的鼓励与支持，也感谢萧烨璎处长今天精彩的授课，希望以后我们还有更多合作。

萧烨璎：谢谢大家，我们一定继续努力！谢谢协会这次发出邀请让我有这个机会和大家做一次交流，不当之处还请大家批评指正。

主持人：好，感谢萧烨璎处长，今天授课和互动就到这里。

主持人结束语

改革和开放始终是我们行业发展的不竭的动力。开放办馆首先得让文化馆人具备开放性的思维，这就要突破我们传统的思维定式，用开阔的眼界，用多元化的视角全方位的去思考问题，携手各方构建“共享共赢”的文化馆空间。有一句话说得特别到位：“心胸有多大，视野就有多大，那么事业也就有多大。”我也希望我们的行业，我们的同人都能心量广大，智慧丰饶，让我们携起手来，在创造美好生活的道路上，勇往直前。

网友留言精选

1. 文化发展要从群众中来，到群众中去，让群众主动参与。文化馆（站）应当与群众相结合，走群众路线，让公众与政府认识到我们有着其他部门不可替代的作用。文化馆（站）人不能自我封闭，孤芳自赏，不能自命不凡，自怨自叹，要积极发挥更大的社会功能。愿我们上下联动，共创群众文化的春天。

2. 文化馆如何开放很重要，要因地制宜，科学创新，成为区域的文化功能机构。文化馆如何走向产业化、多元化、开放化？上海群艺馆的经验值得我们学习借鉴。

3. 只有扎根在百姓心中，才能有生命力，要拉近文化馆和群众之间的距离。以文化馆的力量来服务农村的文化振兴。

4. 群众文化的普及能够提高人们的自身的素养，希望进一步加强文化馆的宣传性和引导性，开放办馆，让市民大众成为文化的主人。关注群众的时代需要，开展切合的文化服务。

5. 上海市群艺馆在敞开大门的初始期，遇到过哪些困难，有没有被社会淹没的危机感，通过什么方式化解危机的？

讲座与互动视频二维码

第十一讲

文化馆发展中的社会化问题思考

主讲人简介

范周，中国传媒大学文化产业管理学院院长，教授、博士生导师。文化和旅游部专家委员会委员，文化和旅游部国家文化和旅游研究基地主任、国家文化和旅游公共服务研究基地主任，国家发展改革委“十三五”规划专家委员会委员，教育部高等学校艺术学理论类教指委副主任，中国教育国际交流协会文创分会理事长，海峡两岸文化创意产业高校研究联盟理事会理事长。

主持人开场词

改革创新，群策群力，共谋发展！

文化馆站的各位同人、各位网友：

欢迎收看由中国文化馆协会主办、国家公共文化云技术支持的，“文化馆事业发展的思考与讨论”本轮最后一讲。我是直播主持人——中国文化馆协会秘书长赵保颖。

今天，我们邀请到的主讲嘉宾是中国传媒大学文化产业管理学院院长，教授、博士生导师范周。范周老师是国家文化和旅游部专家委员会委员，国家文化和旅游研究基地主任，国家文化和旅游公共服务研究基地主任，国家发展改革委“十三五”规划专家委员会委员，教育部高等学校艺术学理论类教指委副主任，中国教育国际交流协会文创分会理事长，海峡两岸文化创意产业高校研究联盟理事会理事长。他将给我们带来的思考与讨论主题是“文化馆发展中的社会化问题思考”。

主讲人授课的过程中，大家可以通过播出界面的互动区留言、提问。课后，我们将连线范老师，与大家互动交流。这里还是要提醒大家，继续巩固疫情防控成果，尽量避免聚集收看或者做好自我防护。因为今天是最后一讲，节目组专门制作了一个“彩蛋”短片，用以感谢为本次讨论付出巨大努力的所有“台前幕后”，也欢迎大家课后一起收看。

“文化馆事业发展的思考与讨论”直播最后一讲现在开始。

讲稿精粹

引导鼓励社会力量参与公共文化服务，是丰富公共文化服务内容和形式、提高服务质量的重要途径，是激发公共文化服务活力、提升服务效能的重要抓手。如何利用社会力量促进文化馆建设发展，是新时期我们面临的新课题。

一、为什么要引入社会化机制？

（一）法律法规：提供政策保障，指明发展方向

近年来，我国制定出台了一系列法律法规鼓励社会力量参与公共文化服务，推动公共文化服务社会化发展。2017 年起实施的《中华人民共和国公共文化服务保障法》明确了公共文化服务应当坚持由政府主导、社会力量参与的基本运行机制，明确了“国家采取政府购买服务”等措施，做出“国家鼓励和支持公民、法人和其他组织参与提供公共文化服务”等规定。

2019 年，党的十九届四中全会审议通过了《中共中央关于坚持和完善中国特色社会主义制度、推进国家治理体系和治理能力现代化若干重大问题的决定》，再次提出“鼓励社会力量参与公共文化服务体系建设”。这些方针政策为公共文化服务的社会化提供了可靠的政策保障，指明了发展方向。

（二）现实需求：传统供给模式难以满足人民公共文化服务需要

改革开放尤其是党的十八大以来，我国经济社会快速发展，人民群众对公共文化服务的需求呈现出多样化、个性化、品质化等特点，需求结构日趋多元。党的十九大报告明确指出，中国特色社会主义进入新时代，我国社会主要矛盾已经转化为人民日益增长的美好生活需要和不平衡不充分的发展之间的矛盾。在精神文化层面，人民的美好精神文化需求愈加旺盛，而与之相对的，公共文化产品短缺、公共文化服务供给能力滞后与供给有效性不足等深层次矛盾和挑战不断凸显，垄断式的传统供给模式已经越来越难以适应新时代我国公共文化服务体系建设的需要。

（三）国际经验：他山之石，可以攻玉

英国公共文化供给的模式主要是“三级管理模式，确保项目落地”。作为PPP模式的发源地，英国建立了一套完善的管理制度，确保私人机构在公共文化服务中保持较高的参与度。具体来讲，英国财政部设立了英国基础设施中心，专门负责发布、评估和管理PPP项目，制定国家基础设施建设计划；英国合伙经营机关向公共部门提供私营机构的专业知识及资源，协助公共部门制定PPP模式发展目标；由地方政府拨款成立的公私营机构合作署则主要承担问责工作，并为发展公私营机构合作的地方机关提供支持。三级PPP管理机构的运作模式，确保了不同层级的PPP项目能有效落地。

俄罗斯的公共文化供给模式为“公私协作，实现政企双赢”。俄罗斯于2005年颁布了《俄罗斯联邦特许协议法》，着力推动“公私协作”模式在体育、文化、医疗卫生等公共领域的广泛应用。“公私协作”模式使俄罗斯政府在推进企业履行社会责任时更容易实现政策目标，更好地实现了政府对企业的激励和引导功能。同时，企业可以获得政府提供的财政、税收、金融等优惠政策，并受到企业社会责任排名和评奖活动的认可，从而提高国内声誉和知名度。

日本在公共文化供给模式上主要采用“政府主导，多元参与”的模式。日本政府采取了指定代理制度（DMS），通过修改地方自治法，允许地方政府将公共文化服务等设施的管理外包，以授权的方式将公共文化服务中一部分具体的管理职能或服务提供转交给企业、社会组织来执行。日本充分利用企业和各类基金支持公共文化服务领域的融资，为其公共文化艺术领域的发展提供了较为稳定的资金支持。此外，作为日本公共服务体系多元化供给模式的倡导者，非营利组织在促进企业赞助公共文化服务领域也发挥了重要作用。

二、文化馆社会化发展的目的

（一）丰富文化馆内容供给，增强文化馆竞争力

提供优质的公共文化内容是文化馆发展的重要目标。近年来，各地文化馆积极与社会力量开展合作，通过社会采购、公开招募、资金补贴、场地支持、宣传推广等方式，发动企业、社会文艺团体及个人参与公共文化服务。

1. 整合社会文化资源，提供多元丰富的服务内容

面对人民群众快速增长的文化艺术需求，各地文化馆积极探索公共文化服务社会化运作方式，通过将分散的社会文化艺术资源加以整合利用，有效拓宽了供给来源，使得文化馆能够向群众提供内容更加多元的公共文化服务。

例如烟台市文化馆从 2018 年 4 月起实施“艺术烟台”公益文化惠民工程，陆续与全市 100 多家艺术培训机构签订合作协议，由培训机构提供场地和师资并向市民提供免费的艺术普及培训课程，到 2019 年初就已累计向群众提供近 8 万课时、6 万 8 千余人次的培训服务。同时，烟台市文化馆多次举办汇报演出等活动，为市民提供艺术培训成果的展示平台，受到了社会的广泛赞誉。

2. 利用场馆空间引进社会力量，将文化馆打造为内容丰富的文化中心

在进行公共文化服务外包模式探索的过程中，各地文化馆以场馆资源“置换”公共文化服务，引入社会力量并开展合作，将文化馆的“独唱”升级为联合社会力量的“大合唱”，使文化馆成为内容丰富、形式多样的文化中心，有效增强文化馆的吸引力。

例如，自 2016 年起上海市静安区文化馆依照“文化体验馆”的发展定位，在馆内引入专业公司承担部分空间的运营管理工作，并向社区居民推出了展览、讲座、演出、手工体验等公益惠民文化活动，开馆一年举办

各类活动7500余场，参与市民达46.84万人次，打造了综合性的文化体验场所。

（二）提升文化馆活力，优化公共文化服务效能

1. 加大资源整合力度，打通公共文化服务“最后一公里”

当前，我国仍有大量的公共文化资源处于闲置状态或利用效率较低。随着公共文化社会化发展的深入，各地应当通过社会治理、资源整合，使更多设施和资源成为老百姓公共文化服务的重要载体，将《中华人民共和国公共文化服务保障法》中提出的“整合社会资源”六个字落到实处，使文化场馆“活”起来。同时要充分发挥社会组织和团体在市场化运营中积累的成熟经验，打通公共文化服务与人民群众之间的“最后一公里”。

以浙江省嘉兴市为例，当地通过建设“文化有约”公共文化服务平台，采取社会投入和政府社会采购相结合的机制，将工人文化宫、青少年宫等公共文化设施吸纳到了公共文化服务体系之中，打造了共同参与、共同行动的文化场馆协作联盟，有效释放了公共文化资源的服务潜力。

2. 引入竞争机制，增强公共文化服务运行活力

我国传统的公共文化服务运行模式依赖国家全额拨款，行政色彩较浓。既缺少根据公众需求和市场变化及时进行调整变化的动力，也无法有效回应人民群众不断升级的文化需求，与市场的对接同样不够顺畅，容易造成公共文化服务的效率与质量低下。而社会化发展则引入了竞争机制，文化部门将逐步从文化服务提供方转变为文化服务的中间方和监管方，通过“优中选优”的运作模式增强公共文化服务运行活力，促进了公共文化服务绩效和能级的持续提升。由“办文化”到“管文化”，政府职能也实现了积极转变。

例如，深圳市南山区自2007年开始对公益文化活动实行社会化运作，在实施过程中积极引入竞争机制，通过项目征集、招标、评审、竞价和监督实施等环节，逐步完善运作体系。同时委托第三方开发了“南山区公益

文化活动社会化运作管理系统”，通过线上平台完成项目公布、资质审核、项目评审、竞价、实施方案审核、合同备案等程序，确保了公共文化服务采购的公开和高效。

3. 壮大人员队伍，提升文化馆公共文化服务能力

长期以来，我国文化馆等公共文化服务机构的人员编制相对有限，在一定程度上限制了文化馆的发展。引导社会力量参与提供公共文化服务，可以有效壮大文化场馆的管理人才、专业人才和志愿者队伍，提升文化馆的服务能力。

例如，美国拥有超过 190 万家的非营利机构和近 1300 万人的社会工作人员，其依托庞大的社会主体基数，有效分担了政府的公共服务职能。日本民众参与公共文化设施志愿服务的规模也比较大，相关数据显示，其在各类社会教育设施中登记的志愿者总数为 55 万 2 千人，充分发挥了民间力量在构建公共文化服务体系过程中的作用。

东莞市文化馆近年来在引入社会力量办文化方面进行了积极的探索，其以“开门办馆”思路为引领，成立东莞市文化志愿者协会，打造了“文化志愿者大舞台”“文志爱心公益行”等具有影响力的服务品牌，截至2017年 6 月注册文化志愿者 1.5 万人，成为优化公共文化服务的重要力量。

（三）有利于“以人为本”的服务宗旨，增强百姓文化获得感

1. 满足人民群众精神文化需求，提升群众满意度与获得感

提升公共文化服务水平，要坚持以人民群众为中心，坚持从人民群众的实际需求出发。新时期人民群众的精神文化需求持续升级，做好公共文化服务的重要性不断提高。在这样的背景下，引入具有专业性优势的社会力量，发动企业、协会、机构、文艺团体、个人等多方主体参与公共文化服务，有助于推动公共文化服务高质量发展，实现基本公共文化服务与多样化、个性化、优质化公共文化服务的有机统一，增强公共文化服务适用性，增强人民群众的文化获得感、幸福感。

2. 调动人民群众积极性和主动性，提升公共文化活动参与度

文化馆社会化发展的目标是发展人民群众喜闻乐见的文化，调动人民群众参与公共文化的积极性。目前，百姓对公共文化活动的了解还不够深入，参与的积极性和主动性还不够高。近年来，社会上涌现出了“晓书馆”等一批公益文化组织，通过推广公益阅读、开展各类学术、文化艺术活动，积极提升社会对于公共文化服务的关注度和参与度，各地文化馆应当积极对接类似的社会资源，发挥自身平台优势，使更多百姓能够享受到优质的公共文化服务。

同时，在文化馆等主体的社会化发展进程中，应当积极对接具备“互联网 +”产业发展思维的社会力量，将先进的大数据采集和分析处理技术嵌入到公共文化服务的供给当中，借助市场分析等手段精准对接群众文化需求，增强公共文化服务与群众文化需求的匹配度。

3. 完善监管评价机制，畅通公共文化服务评价与反馈途径

公共文化设施在社会化发展的过程中要把握好“政府主导”，建立完善、高效的政府购买流程和第三方评价机制，建立可见可控的督导评估机制，对运作主体的履约情况进行有效监管，确保社会化发展的质量。同时，我国在公共文化服务社会化方面积累的实践经验仍比较有限，各地在经济、文化等方面存在一定的发展差异，因此社会化发展需要因地制宜。此外，要畅通人民群众对公共文化服务的评价与反馈途径，以提升百姓对公共文化服务的评价为工作目标，充分回应人民群众对文化发展的新期待。

4. 推动公共文化服务走出文化馆，实现全民参与

公共文化服务不应被文化馆等设施的物理空间所局限，我们之所以要引导更多优质的社会资源参与到文化馆的发展中，就是要推动公共文化服务与活动走出文化馆，走向街道和社区，走到老百姓的身边和家中，使公共文化服务实现全民关注、全民参与、全民共享，让文化馆发挥平台的基础作用，既要做好依托场馆的文化服务，也要发展好能够走入百姓日常生

活的文化服务。

北京市朝阳区文化馆在八里庄街道开展了“一米田”居民美育项目，邀请专业人员帮助居民家庭在自家阳台种植花卉或瓜果蔬菜，包含种植技术培训、生活美学教育等内容，创新美育培训形式，搭建情感纽带，形成了一定范围内的“文化社群”，推动了社区文化治理的发展。

（四）实现文化馆综合体建设的改革与创新

文化馆是公共文化服务的主要阵地，是精神文明建设的窗口，承担着凝聚文化力量、营造文化氛围、丰富人民生活的重要责任。进入新时代，文化馆迈入了社会化、专业化发展的新阶段，在下一阶段的改革与创新工作中，要着力构建内容多元化、服务专业化的文化馆综合体，使文化馆成为兼具指导群众业余艺术创作、保护展示非遗、组织辅导群众开展文化娱乐活动、开展群众宣传教育、开办艺术普及培训、研究创作文化活动及文艺作品等多种功能的综合性文化机构。通过引入社会力量实现优势互补，最大程度整合利用好各类文化艺术资源，做好线上线下文化服务，打造人民群众喜爱的“文化高地”。

以上海市群众艺术馆为例，近年来其积极整合社会力量，有效挖掘社会文化艺术资源，充分对接各年龄段人民群众文化需求，大力搭建综合性公共文化服务平台，实现了对文化艺术培训、非遗保护传播、文化艺术演出、文艺赛事活动、群众文化艺术活动等的覆盖，已经逐步成为顺应时代新变化、满足群众新需求的公共文化服务综合体。

三、当前我国文化馆社会化发展现状

（一）刚起步：多数场馆开展政府购买与社会运营相结合模式，个别尝试整体外包模式

近年来，北京、上海、浙江、深圳、成都等地区的文化馆在社会化建设方面积极地开展探索与实践。北京市海淀区北部文化中心、上海市打浦桥社区文化活动中心等文化馆采用了“政府购买、专业化社会团队运营”的管理模式，由政府负责指导监督并定期进行考核，社会化运营工作开展情况较好。上海市静安区文化馆、义乌市文化馆等探索将场馆内部分场地提供给社会组织，由社会组织负责向群众提供戏剧演出、电影放映、艺术展览、工艺培训等惠民文化服务，有效地提升了服务效能。无锡市无锡新区文化馆则尝试了场馆整体外包的运营模式，取得了较好的建设效果。

（二）未起步：由于运营主体、资金来源、专业人才、社会参与度等方面的现实难题，大多数地区文化馆的社会化发展仍未起步

1. 社会运营主体数量少，专业能力有限

社会化发展需要大量专业能力强、管理科学规范的社会承接主体，由于税收政策吸引力不足、社会组织注册门槛较高等原因，虽然我国有资格参与运营的社会主体数量正逐年上升，但专业能力强、参与意愿高的社会组织数量则相对较少，政府开展社会化运作的选择空间有限。

2. 资金来源单一，可持续发展能力有限

由于公共文化设施的公益属性，运营机构难以通过市场方式取得经济效益。从国际经验来看，通常需要利用政府补贴、捐赠赞助、基金收入等多种渠道维持运营。但目前我国公共文化资金投入绝大部分来自政府，资金来源单一，运营经费不足，严重影响了社会化运营的可持续能力。

3. 专业人才匮乏，队伍建设难度较大

当前，由于薪酬待遇较低等原因，我国社会组织人员专业化水平还不够高，人员流动性较大，建设专业化公共文化服务队伍的难度较大，直接影响着服务质量和社会效益，成为制约社会化运营的重要问题。

4. 民众参与度不高，良好舆论氛围尚未形成

当前，我国绝大多数居民仍缺乏文化权利与责任意识，参与公共文化活动的积极性有限，不太了解和注重自身在文化方面的权益。同时由于媒

体对社会化运营的组织宣传力度不足，大众对社会化运营组织缺少必要的了解与关注。

（三）难迈步：受到思维模式、体制机制、政策法规、运营模式等方面限制，文化馆的社会化发展进程存在困难

1. 传统思维模式桎梏

相对保守的发展理念和思想认识在很大程度上阻碍着文化馆的社会化运营。文化事业具有较强的意识形态属性，国家意识形态管理和文化行政部门至今对社会力量仍未完全放开，担心其受利益驱动偏离公益轨道和主流价值方向，不敢放手将运营权授予社会组织；同时各地政府普遍以经济建设为中心，对文化事业与社会化发展的重视程度不一。

2. 文化事业体制障碍

新中国成立后，我国模仿苏联体制，从中央到地方形成了庞大而严密的条块结合的文化行政垂直管理体系，文化决策和管理权力集中在政府部门。由于国家建立事业单位实行全面直接供给，大量文化事业单位作为既得利益者，缺少自我革命的动力与勇气。

3. 行政管理机制制约

新的服务供给模式需要新的管理机制，包括准入、激励、评估、监管、保障和公众参与机制等。当前机制的不健全阻碍了社会化的良性发展。例如，准入机制过严、门槛过高、手续过繁，降低了文化类社会组织的基数；税收减免力度有限、流程复杂烦琐，削弱了社会力量的参与热情。

4. 专项政策法规细则缺失

虽然我国针对公共文化服务社会化已经出台了一些政策文件，但内容主要是原则性的“鼓励和支持”，缺少具体可操作的措施或手段。从法律来看，《中华人民共和国公共文化服务保障法》明确规定：“推动公共文化设施运营和管理的社会化。”但该法为宏观指导性法律，缺少实施细则，需要细化条款。例如美国《联邦税收法》就有著名的510（C）（3）条款，详细规定了文化类非营利机构可享受的优惠税收待遇。

5. 场馆社会化运营模式单一

文化馆在开展社会化运营时同样涉及运营模式问题，包括供给文化服务的种类、如何进行定价与收费、如何保障服务的公益性等。由于社会化运营在我国还是新兴事物，文化类社会组织也正在培育发展中，目前的社会化运营模式还较为单一、营利渠道比较狭窄。

四、疫情防控带来的几点启示

（一）线上活动的丰富："线下闭馆，线上开花"

疫情使得大量的公共文化设施"线下闭馆"，但各地利用新技术、新平台，让丰富多彩的公共文化活动在"线上开花"，使人民群众足不出户就能享受到优质的"文化大餐"。

1. 实现日常公共文化服务的在线化升级

疫情期间，全国各地线下公共文化服务按下了暂停键。面对这种情况，文化馆等公共文化设施主动转变服务方式，充分利用线上平台，依托数字技术对公共文化服务内容进行在线化升级。例如，南通市文化馆在春节期间将往年的线下文化活动转移到线上平台，借助直播等形式开展"文化迎春会"、网络歌会等一系列公共文化服务，给群众带去内容丰富、形式多样的节庆表演；发挥微信公众平台作用，举办线上猜灯谜等文化活动，同时增加"网上展览厅"，进行春联书法大赛和书画作品的网络展览，为市民的居家生活增添了色彩。

2. 利用线上平台开展市民文化节等公共文化活动

疫情催生了线上公共文化体验的新模式，"云享文化"成为公共文化服务的新趋势。各地文化场馆在做好疫情防控工作的同时，积极整合社会各方资源和力量，开展线上市民文化节等大型文化惠民活动，有效满足了人民群众的文化需求。

例如，2020 年 3 月 28 日，上海市一年一度的市民文化节首次在云端开启。文化节以“文化上海云”为主要平台，与抖音、喜马拉雅、小红书、东方网等互联网平台开展合作联动，打造了云剧场、云展厅、云讲堂等多种类型的文化服务板块和频道，为群众营造了可看、可听、可互动、可消费的文化服务新场景，充分回应了市民对公共文化活动的新期待。开幕当天，“文化上海云”就吸引了超过 1009 万人次进行线上访问。

3. 举办各类主题活动汇聚抗疫精神力量

疫情期间，各地文化馆充分发挥职能优势，积极举办文艺作品征集与展出等各类主题活动，涌现出了一批优秀的群众文艺作品。既为文艺爱好者搭建了展示和交流的平台，也为广大人民群众提供了丰富多样的文化内容，用文艺作品凝聚起人民群众抗击疫情的强大精神力量。

山东省文化馆面向全省开展“打赢疫情阻击战汇聚文艺正能量”文艺作品征集活动，共征集到文学、美术、书法、摄影、音乐、舞蹈六大类艺术作品 1321 件，传递出全社会打赢疫情防控阻击战的信心和决心。重庆市合川区文化馆开展线上文艺创作活动，累计创作诗歌、小说、快板、小品、音乐、戏剧、书法、美术等类型的群众文艺作品 700 余件，通过该馆的微信公众号“合川文艺”连续推送 15 期，发表各类作品近 300 篇。

（二）线上项目的开发：线上线下联动催生新业态

1. 吸引社会主体，通过开发新业态增强平台效应、融合效应

互联网平台为人民群众的文化消费赋予了新场景和新模式，不仅使公共文化服务内容能够有效地从线下迁移至线上，也催生出一批契合线上文化消费模式与特点的新项目、新业态。疫情影响下，许多文化场馆大力吸引社会主体参与线上项目的开发与运营，充分吸取社会力量在商业领域积累的成功经验，着力打造资源丰富、形式多元、项目新颖、服务优质，能够实现线上线下有效联动的公共文化平台。

上海市在 2020 年的市民文化节期间推出了“云游览”“云市集”“云展

出”等项目，充分利用线上文化节活动的聚集效应进行宣传推广，为群众献上了一道文化盛宴。例如，依托在线平台与小红书等互联网企业在“云上文化服务日”展开合作，发动网络博主担当“云导游”，通过直播等手段带领网友游览上海宝龙美术馆、上海复兴艺术中心等文化场馆。市民文化节还联合美食节、海上文创、市非遗保护中心、上海书展打造了“云市集”，聚集二十多家非遗文创商铺，既展示了非遗保护成果，也为市民提供了更加丰富的文化体验。此外，文化节还策划了“云展览”项目，深度挖掘城市公共空间魅力，并由策展人带领市民进行在线游览，吸引了广泛关注。

2. 整合社会力量，提供文化慕课、艺术普及培训等线上服务项目

文化馆承担着社会教育的重要职能，对于全民普及文化艺术知识、提升人民群众文化水平、推进精神文明建设具有重要意义。近年来，随着文化馆在社会化发展方面的不断探索，越来越多的社会文化艺术资源得以被整合利用。疫情期间，由于暂时无法开展线下讲座、培训等活动，各地文化馆积极整合优质的师资力量与网络课程培训资源，为群众提供文化艺术慕课、艺术普及培训等线上服务项目，丰富群众居家期间的文化生活。

烟台市文化馆与“爱艺术 +”APP 联合打造了涉及音乐、美术、舞蹈、戏剧等 50 个艺术门类的“云端学艺术”网络艺术云平台，内容进行全天免费播放，市民可通过其官方网站、微信公众号在线浏览丰富的艺术课程资源，参与公益艺术培训。江门市文化馆则主动协调第三方平台资源，为市民推出涵盖音乐、书法、美术、舞蹈、摄影、戏剧、曲艺等 50 个大小类目的“文化慕课”，内容包括 100 门免费课程，视频总数达 969 条。通过将公共文化服务阵地从线下转到线上，确保闭馆期间文化惠民不“打烊”，市民足不出户就可以学习、赏析文化艺术知识。

（三）线上内容的创新

1. 加强数字文化资源供给的有效性，开展疫情防控知识普及讲座，推广健康知识

在疫情期间，各地文化馆依托线上平台大力丰富数字文化资源供给，特别是积极开展疫情防控知识普及和健康知识推广等工作，使抗疫知识能够以人民群众更加喜闻乐见的形式走入千家万户，加强了公共文化服务的有效性，充分发挥了公共文化服务阵地的示范引领作用，为打赢疫情防控阻击战贡献了重要力量。

九江市“九江新时代红色文艺轻骑兵”话剧演员创作了情景小段子《保持距离》《防疫口诀》等作品，通过基层文化馆（站）在微信公众号、抖音等新媒体平台进行推广，取得了良好的宣传效果。此外，针对一些年龄较大、普通话水平有限的村民，当地文化馆组织文艺工作者创作了方言快板、地方戏、歌曲、短视频等形式的文艺作品，有效地增强了疫情防控知识的宣传力度，使公共文化服务在特殊时期发挥出重要作用。

广东省文化馆自 2 月 3 日起在线上开设了“防疫知识”专栏，以通俗易懂、图文并茂的形式科普防疫专业知识。北京市朝阳区文化馆则开展了线上抗疫非遗知识微课堂，依托微信平台以短视频等形式展示花毽、五行掌等非遗项目，既普及了非遗文化，也推广了健康知识，为市民提供了居家期间进行体育锻炼的新选择。

2. 利用新技术、新平台优势，结合线上文化消费场景，实现公共文化内容供给升级

在新一轮信息技术革命的背景下，线上文化消费已经逐渐搭建起独立完整的消费空间。因此，只有对在线文化内容进行有效升级，深度匹配线上消费场景的特点，才能充分挖掘新技术、新平台的应用价值，推动公共文化服务实现品质化发展。

重庆市渝北区文化馆积极建设群众文化云平台，精选各类文艺作品展

览，让群众可以在云端游览线上资源，同时平台链接名师讲坛系统，丰富了资源类型。广东省文化馆则推出“百姓舞台”“数字展馆”“口袋非遗”“艺术吧”等系列线上文化服务，并开设3D非遗展览，为广大群众提供了多姿多彩的艺术资源。

在这场全球战疫中，许多国家也同样在积极推动文化艺术机构借助数字化形式开展全新形式的文化艺术资源分享。近期，英国数文媒体部与英格兰艺术委员会联合出台了一项总预算1.6亿英镑的文化扶持计划。包括英国国家美术馆、大英图书馆在内的多家文化场馆已经通过网站推出了虚拟观展体验活动。萨德勒之井剧院（Sadler’s Wells Theater）推出了“数字舞台”计划，剧院通过官网免费向观众提供舞蹈演出的数字首演、影视剧编舞以及专业编舞领衔设计的舞蹈工作坊。在疫情的推动下，居民不再仅仅是借助网络渠道观看文化艺术资源，更可以享受到交互性更强的文化艺术体验。

（四）体制机制的进一步解放

1. 打破传统体制壁垒，推动社会力量更加高效参与公共文化服务

长期以来，由于文化体制等诸多因素的束缚，文化馆等公共文化服务设施广泛面临着专业人才缺乏、管理理念与管理水平相对落后等发展难题。文化馆的社会化发展是深化文化体制改革的重要途径，因此必须要进一步打破传统文化体制壁垒，优化社会力量参与公共文化服务的外部环境和配套措施。文化体制改革既要发挥市场配置资源的灵活性，建立以市场配置资源为辅的新型管理体制，也要营造社会资本进入公共文化服务领域的良好环境，在市场准入、审批、待遇、服务等方面创造宽松、良好的发展条件。

以日本为例，从20世纪末以来，日本通过税收减免、管理外包、政策优惠等措施，鼓励私人企业以及非营利机构参与到文化事业的运行过程中，特别是在实施指定代理制度（DMS）后，社会力量参与公共服务供给与设

施运营的行为更加活跃，公共文化服务效能也实现了快速提升。

2. 创新管理机制，增强公共文化服务适用性

受行政管理机制等因素的制约，当前我国公共文化服务的适用性仍不够强，远远无法有效满足人民群众精神文化层面日益增长的美好生活需要。推进公共文化服务的社会化发展，必须要勇于创新管理机制，把公共文化服务体系建设提升到一个新的更高层次。

首先，通过机制创新提高公共文化服务体系对人民群众多元、多样文化需求的应变能力。公共文化产品要随群众需求的变化而变化，传播方式要随群众需求的变化而变化，服务也要随群众需求的变化而变化。其次，通过机制创新激发公共文化服务体系内在的发展动力，激发体系活力，加快构建现代化公共文化服务体系的进程。最后，通过机制创新协调人力资源，激发专业管理人才、文化艺术人才的积极性，提升公共文化服务水准。

在线互动交流

主持人：范老师，您好！

范周：主持人好，各位今天下午在文化云课堂学习的朋友们，大家好！

主持人：您好，范老师！您不愧是文化和旅游领域的知名专家，刚才您课程的信息量非常大，知识点和案例也可以说是横贯中西。我知道您长期从事文化产业和公共服务领域的政策理论研究，在公共文化服务的社会化方面也颇有见地，但我还是感到非常吃惊，您对我们文化馆行业也有如此深入的了解。刚才您在讲课过程当中还提到了将近 20 多家文化馆，您也是 11 场讲座中提及文化馆数量最多的一位，特别让我感动，真的非常感谢。

刚才您在讲课的时候举了一个例子，就是无锡新区文化馆尝试用整体

外包的形式发展文化馆事业。前期我们在征集主题的时候，有馆员留言提出这样一个问题，他问："整体外包这种运行模式在未来会不会成为我国各级文化馆发展的一个主流？"其实这个问题我也想到了，通过这个问题我们也可以从侧面看出大家还是比较焦虑，怕面对这样的挑战，那么范老师您能不能给我们解答一下这个问题？

范周：好，说解答我真的不敢当，接受协会给我这个任务之后，我就非常忐忑地备课。我对公共文化服务涉猎比较早，《中华人民共和国公共文化服务保障法》的前期调研以及法律起草的全部过程，我和李国新老师都全程介入。当时我在这个过程中的主要分工就是负责公共文化当中的社会化问题，所以讲到这个题目我是感觉到又沉重又亲切。沉重是因为问题太多，亲切是觉得无论国内和国外的文化馆也好，艺术馆、各种各样的公共文化设施也罢，它都有这么一个深化问题，只不过是各个国家的法律不一样，实行起来的表现形式不一样而已。我去过好多次悉尼歌剧院，它在1个大院底下还有4个小院，歌剧院负责人说了一句特别开玩笑的话，他说"悉尼歌剧院除了葬礼不办，什么都办"。这是因为歌剧院的费用来源是政府给他专项资金1/3、社会的捐助和各种基金占1/3，剩下的1/3就要靠自身运营，这和我们国家可有一比。那么刚才你讲到了无锡新区文化馆的整体外包的模式，这个问题给我点到了，这是要害处。

无锡新区文化馆是我国首个将运营管理和服务等业务进行整体外包的文化馆，经过近些年的探索与实践，已经为国内其他高新开发区文化馆的建设探索出了一条新的发展道路。但实际上，这一模式的出现和发展有着特殊的背景。无锡新区是成立于1992年的高新技术开发区，常住人口超过60万人，但在建设文化馆和图书馆等公共文化设施时很难申请到正式人员编制，队伍建设困难，出现了公共文化服务需求持续增加与政府直接供给能力有限的核心矛盾。整体外包模式正是聚焦这一难点、痛点，有效地缓解了由于编制、人才不足导致的公共文化服务供需矛盾。而对于我国绝大多数地区来说，文化馆都有自己的管理团队，它面临的核心难题并非编制，而是如何丰富内容供给、提升服务效能。因此，文化馆的社会化发展模式不能“一窝蜂”，而是得“对症下药”，不能把社会化整体外包作为一种模式去推广，只有像无锡新区这样有特定原因的地区才适合。各地需要根据实际情况因地制宜、实事求是，不能用一种模式来代替所有的模式。比如，当前各地文化馆持续加大政府购买力度，并选择开展部分场馆的社会化运营，取得了较好的成效。实际上，整体外包模式也存在一些问题，比如缺乏成熟的社会力量参与，政策优惠力度仍需提高等，这些仍是未来需要改进和提升的。

主持人：谢谢刚才您说的“不能全方位的推广，不能一刀切，要因地制宜，实事求是”，我估计这给很多基层文化馆吃了个定心丸。接下来还有一个问题就是刚才您在阐述文化馆的社会化发展目的的时候，有一个重要的观点，即“文化馆要朝着综合体的方向开展改革和创新，构建内容多元的服务专业化的公共文化服务的综合体”。其实引入社会力量，就是要实现我们自身和社会的优势互补，来整合资源，拓展更广阔的服务渠道。那么针对“文化馆综合体”有网友在留言区当中提出这样一个问题，他问“与现有的文化馆相比，文化馆的综合体这种新的业态有哪些值得期待的方面呢？”

范周：近些年来，许多地区都陆续开始探索建设和发展公共文化服务综合体，并逐渐积累了不少成功经验。文化馆是构建现代公共文化服务体系的重要阵地，建设“文化馆综合体”不是对文化馆的功能做简单的加法，而是要在空间复合的基础上追求内容丰富多元，服务效能有效提升，从而实现功能多、效率高、质量佳的结合。

具体来说，“文化馆综合体”首先是要实现供给水平的提升，增强文化馆的吸引力和竞争力，打造内容丰富、形式多元、活力四射的“文化高地”；其次是要实现公共文化服务匹配度的提升，增强“精准供给”能力，优化公共文化服务的实效性和适用性，更好地满足人民群众多样化、品质化、个性化的文化需求；最后是要实现公共文化服务的辐射能力的提升，不仅要吸引人民群众走进文化馆，更要让文化馆走进人民群众中去，让公共文化服务成为人民群众日常生活的重要组成部分。

主持人：谢谢范老师，刚才您提到一个很重要的观点就是“1+1”综合体不是简单的加法，而是“1+1 ＞ 2”，但是这个大于 2 其实很考验基层文化馆的管理、服务、协调能力的。建设“文化馆综合体”对文化馆确实是一个挑战，但也是机遇，刚才您也从三个方面指出“文化馆综合体”要如何提升来以面对社会供需之间的不平衡。

最后还想请问您一个问题，志愿服务体系建设实际上是国家现代治理体系的一个有效构成、现代治理能力的有益补充，文化志愿服务也是公共文化服务的社会化的重要渠道和重要力量。刚才您在谈及社会化时也提到了这样的一些观点，我看还举了一些例子，包括美国、日本等西方国家文化志愿者的例子以及东莞市文化馆的志愿服务的例子，那么就有网友在留言区当中提出这样一个问题，他问“对于文化馆的志愿服务的队伍建设您有哪些建议呢？”

范周：一直以来，人员问题都是制约文化馆等公共文化设施发展的一个重要因素。而如何发挥好在校大学生，包括离退休人员、民间艺术家等的作用，充分释放这些人员的潜能，对于建设一支高水平的文化志愿者队伍、提升文化馆服务能力十分关键。

特别强调一点，目前我国有近 3000 万在校大学生，他们的文化素质相对较高，能较好地胜任各类服务工作，是文化志愿者队伍的中坚力量。对大学生而言，在政府和社会组织的指导下，深入社区和乡村进行文化服务，既可以增加阅历、认知生活、了解社会，也是播种知识、传播文化、奉献爱心的有益尝试；对国家而言，单一依靠专职文化工作者队伍难以适应公共文化服务工作的全方位开展，通过发挥大中专学生的人力资源优势，能够减少冗余编制、缓解人力资源不足。

因此，充分挖掘和发挥在校大中专学生，包括离退休人员、民间艺术家等各方面人力资源的作用，引导他们参与到公共文化服务体系的建设中，有利于为公共文化服务体系建设提供重要人才保障。

主持人：好，您刚才给我们这一系列的精彩解答，让我们对您的课程的学习又有一个提升和补充。您的课程其实已经经过高度浓缩，从一个专家的视角来深入分析了我们文化馆的社会化是为什么、怎么看待它、我们又怎么干这一系列的问题。其中也让我们了解了西方国家的模式，还让我们领略了疫情当中催生出来的文化馆的新业态，令人受益匪浅。

引导和鼓励社会力量参与公共文化服务，是丰富公共文化服务内容和形式、提高服务质量的一个重要途径，也是激发公共文化服务活力、提升服务效能的重要抓手。如何利用社会力量促进文化馆的建设和发展，实际上是新时期我们不得不面对的一个新课题。面对这样一个新课题，我想当务之急还是让我们全行业进一步解放思想，因地制宜地提出符合自身实际的发展的道路和解决方案。让我们再次感谢范老师给我们带来的精彩授课！谢谢范老师！

范周：好，在离开大家之前我想再说两句话。第一是非常感谢中国文化馆协会给了我一个和大家交流的机会。刚开始接受任务的时候，我心里头没着没落的，因为网课见不着人，但是备课过程于我而言是一次享受，希望未来能够和文化馆领域的机构以及协会深入合作。第二是我今天讲的社会化问题，这是在公共文化均等化基础上、保基本的前提下做出的高难度选择，而且是所有基层文化工作者都不能够回避的问题。疫情当下，对社会化也是一个新的机遇与挑战。

好，那我今天就讲到这里，在讲课中有不对的、用词不当的地方，还请大家批评指正。以后有机会到了各个省、县交流的时候，希望我们能够找到共同的话语。谢谢大家听课，谢谢本次直播的后台工作人员，谢谢大家。

主持人：谢谢您，谢谢范老师给我们行业提出的中肯的建议，我们协会以及我们整个行业也希望跟您的团队能建立更多的合作。

主持人结束语

“文化馆事业发展的思考与讨论”首轮 11 场直播到现在已近尾声，感谢屏幕前的各位同人和网友一个多月来的跟随与陪伴。因为你们的参与，我们的思考与讨论显得更加开放包容，更加意义深远。截至目前，网络直播平台共获得了350万的点击量和46万的点赞量，大大超出了我们的预期。我们还要感谢每一位主讲嘉宾，为我们呈现这一堂精彩的课程。15 个小时的授课与对话，近 18 万字的信息量，让我们感受到一场新思想的风暴。这场新冠疫情，带给我们一个别样的春天，这个春天里，我们以群众文化所特有的方式与全国人民站在一起，奋力抗击疫情、有序复工复产；同时，借着春天的温暖，我们围坐在协会这个大家庭的圆桌前，敞开心扉、深入思考、热烈讨论、畅想未来。行业发展的能量正在集聚，文化馆的新希望正在孕育。让我们携手并进，共同迎接新时代文化馆的美好未来。

各位同人、各位网友，最后，我们用节目组特别制作的“彩蛋”短片给本次“思考与讨论”画上一个完美的句号。咱们后会有期！

网友留言精选

1. 范老师理论高深，压轴课很有深度。文化志愿服务，还得激发群众的文艺热情和爱好。

2. 外包，联合社会力量发挥公共文化场馆作用。整体外包还得因地制宜，之所以外包主要是人才不足、资源不足。

3. 加大培训的范围，科学搭配人员，有利于基层更好地发挥作用，培养专业人才，加强队伍建设，以充分发挥文化馆的引导性，活跃人民的文化生活。利用场馆空间，把文化馆打造成全心全意为人民服务的文化艺术中心。

4. 文化馆与高校合作，是个很好的工作思路，可利用高校资源，提升服务质量，拓宽服务门类。同时应加强文化馆之间的交流合作，促进文化馆更好更快发展。

5. 与现有文化馆相比，“文化馆综合体”这种新业态有哪些值得期待的方面？

讲座与互动视频二维码

附录一

讲座安排基本信息

讲座时间表

序号	题目	直播时间	主讲人
第一讲	当前文化馆数字文化服务还有哪些提升空间	3 月 18 日（周三） 15：00–16：00	王全吉
第二讲	公共文化服务发展影响的思考	3 月 20 日（周五） 15：00–16：00	李国新
第三讲	深化公共文化服务供给侧改革的若干思考	3 月 25 日（周三） 15：00–16：00	杨乘虎
第四讲	对数字文化服务的几点思考 ——以张家港市文化馆为例	3 月 27 日（周五） 15：00–16：00	李立群
第五讲	谈重大主题群众文艺创作	4 月 1 日（周三） 15：00–16：00	戴　珩
第六讲	公共文化服务和旅游的融合发展	4 月 3 日（周五） 15：00–16：00	毕绪龙
第七讲	文化驿站 ——把总分馆建成市民精神文化的加油站	4 月 8 日（周三） 15：00–16：00	柳升高
第八讲	文化馆高质量发展之路漫谈	4 月 9 日（周四） 15：00–16：00	金武刚
第九讲	智慧　品牌　社群 ——对未来文化馆发展的几点畅想	4 月 10 日（周五） 15：00–16：00	黄晓丽
第十讲	谈谈文化馆的开放性	4 月 15 日（周三） 15：00–16：00	萧烨璎
第十一讲	文化馆发展中的社会化问题思考	4 月 17 日（周五） 15：00–16：00	范　周

讲座主持人简介

赵保颖，中共党员，研究生学历，群众文化系列研究馆员。长期从事群众文化、公共数字文化以及社会组织管理等相关领域研究与实践工作。现任文化和旅游部全国公共文化发展中心文化馆处处长，中国文化馆协会秘书长，中国文化馆协会理论研究委员会副主任委员，全国文化馆标准化技术委员会秘书长。先后参与公共文化领域重大课题研究 8 项，发表学术论文 15 篇。

主持人在直播

附录二

讲座开场宣传片《她，就是文化馆》解说词

她，就是文化馆

她，是具有鲜明中国特色的公共文化机构。

她，是包括各级文化馆，以及乡镇文化站、村（社区）基层综合文化服务中心在内的完整的六级公共文化设施组织体系和网络体系。

她，随着新中国的建立而建立。

她，就是文化馆。

从诞生的那一天起，她就把为人民谋文化福祉，为民族谋文化复兴作为自己的初心和使命，把宣传党的方针政策、开展公众教育、普及文化艺术、传承民族民间文化、辅导基层文化骨干、组织群众文化活动、繁荣群众文艺创作、丰富群众文化生活、提高全民族的文化素质作为自己的重要职责。

她是中国特色社会主义文化事业的重要标志，是党和政府联系人民群众的重要桥梁和纽带，是公共文化服务体系的重要骨干，是建设社会主义文化强国的重要载体。

七十年来，文化馆自觉地把根深扎在人民群众之中，一心一意为人民群众提供优质公共文化产品和服务，传递文化关爱，保障文化权益，增进

文化福祉。

党的十八大以来，在新时代中国特色社会主义思想指导下，文化馆自觉承担起举旗帜、聚民心、育新人、兴文化、展形象的使命任务，把满足人民群众对美好生活的向往作为自己最大的追求。

她努力建设与时代和人民的要求相适应的现代型文化馆。

她成为许多地方最美的文化地标和最接地气、最聚人气的文化空间。

她敞开大门，以亲切的姿态、优美的环境和富有特色的免费开放项目吸引人们走进。

她积极开展全民艺术普及，用艺术照亮人们的生活，滋润人们的心灵。

她用心用情用功抒写伟大时代，努力以精品奉献人民。

她加强创新、创意、创造，举办和承办大量具有创新性、引领性的群众文化活动，丰富人民群众的精神文化生活。

她致力于打通公共文化服务“最后一公里”，以文化志愿服务和流动服务的形式，把最精美的精神食粮送到基层，送到特殊群体和每一位普通百姓的身边。

她在县域范围内建立了上下联通、服务优质、全面覆盖的总分馆服务体系，实现县域群众文化艺术资源有效整合、统筹利用和共建共享，推进了公共文化服务均等化。

她加强数字文化服务，使广大群众能够更加便捷地享受到优质公共文化产品。

她精心辅导培训基层文化人员和文艺骨干，发展文化志愿者队伍，培育文化种子，营造姹紫嫣红的群众文化百花园。

她推动中华优秀传统文化创造性转化和创新性发展，积极培育和践行社会主义核心价值观，以自己的文化自信坚定全民族的文化自信，以自己的文化创新创造活力激发全民族的文化创新创造活力。

她将基层公共文化服务和新时代文明实践有机结合，有效引导群众参与新实践、学习新本领、开展新创造、乐享新生活。

她积极开展对外文化交流，讲好中国故事，传播中国形象。

她坚持以创新为引领，不断以新的探索和新的实践，彰显着现代型文化馆的职业伦理和职业精神，提升着现代型文化馆的服务效能，展示着现代型文化馆的崭新形象！

文化馆无时不在，无处不在。文化馆的服务就在你我的手上、就在你我的身边。因为有了她，无数人得以走进文化艺术的殿堂，实现了自己的人生梦想。因为有了她，无数普通人的脸上有了更多的笑容，内心有了温馨的精神家园。

文化馆，引领风尚，温暖心灵，美好生活，幸福人生。

（中国文化馆协会提供素材，中国文化馆协会副理事长、江苏省文化馆馆长戴珩执笔）

视频二维码

附录三

讲座交流活动总结回顾“彩蛋”短片

新冠疫情暴发以来，各地文化馆（站）闭馆不打烊，用“群众文化＋互联网”的方式投入到文化战“疫”的洪流之中。中国文化馆协会发挥平台作用，集结各方力量，开展了一场关于“文化馆事业发展的思考与讨论”。

3月上旬，中国文化馆协会与汉雅星空合作提出了依托国家公共文化云的“云上论坛”策划方案。3月18日，“文化馆事业发展的思考与讨论”直播第一场与广大观众见面。各地文化馆自发组织了云端观看学习活动，截至目前专题总访问量突破300万人次，单日直播最高访问量近27万人次，单日最高评论数近3000条。直播过后的回看与讨论仍在继续，国家公共文化云联合新媒体矩阵对活动进行全面宣传推广。

感谢各位主讲嘉宾为我们呈现的每场精彩！

感谢所有观众对我们的跟随与陪伴！

（本次讲座交流活动特制作“彩蛋”短片以为总结回顾，可通过下方二维码观看。）

视频二维码

附录四

媒体报道

本次“文化馆事业发展的思考与讨论”系列网上讲座交流受到了业界的广泛关注。中国文化馆协会公众号全程进行了跟踪记录，包括主题征集、直播预告、精彩回顾等，与此同时，《中国文化报》《天津日报》《南方日报》等媒体对本次讲座交流活动进行了报道。下面列出部分社会媒体的报道。

新闻标题	记者	原载	报道时间
“文化驿站”走进国家云平台推广	伍秀蓉　刘紫丹	温州日报瓯网	2020 年 4 月 10 日
后疫情时代文化馆何去何从？东莞文化馆馆长这样说	李玲玉	南方 Plus 新闻资讯平台	2020 年 4 月 11 日
公共文化服务的未来在哪里？	胡春萌	《天津日报》	2020 年 4 月 28 日
应对疫情防控，文化馆线上服务有创新	杜洁芳	《中国文化报》	2020 年 5 月 12 日
广西群文战线以文化助力复工复产	郭凯倩	中国文化传媒网	2020 年 5 月 25 日

附录五

各地参与动态

作为面向全国文化馆（站）的系列网上讲座交流，“文化馆事业发展的思考与讨论”课程一上线便吸引了全国各地文化馆（站）的关注，各地文化馆（站）纷纷组织参与，形成了一波学习热潮。下面列出部分地区反映收看、学习情况的报道。

新闻标题	原载	报道时间
内蒙古自治区乌海市海勃湾区文化旅游体育局参加“文化馆事业发展的思考与讨论”系列线上讲座	内蒙古自治区乌海市海勃湾区政府网站	2020 年 3 月 20 日
云南省昆明市五华区文化馆组织观看“疫情对公共文化服务发展影响的思考”讲座	云南省昆明市五华区文化馆网站	2020 年 3 月 20 日
河南省济源市文化馆组织职工观看文化和旅游部网络培训直播	河南省济源市文化馆网站	2020 年 3 月 21 日
云上传播张家港经验 10W+ 同行在线交流——张家港市文化馆李立群应邀国家公共文化平台开讲张家港群文实践	苏州市文化广电与旅游局网站	2020 年 3 月 28 日
上海市长宁文化艺术中心员工在线学习“文化馆事业发展的思考与讨论”	搜狐网	2020 年 4 月 15 日
干货满满！听萧处长“谈谈文化馆的开放性”	搜狐网	2020 年 4 月 16 日
厦门市文化馆开展 2020 年干部职工业务能力提升继续教育培训	厦门文化馆网站	2020 年 4 月 17 日
安徽省滁州市全椒县文化馆组织收看文化讲座	安徽省滁州市文化馆网站	2020 年 4 月 18 日
陕西省渭南市临渭区文化馆召开“文化馆事业发展的思考与讨论”学习交流会	陕西省渭南市临渭区文化馆	2020 年 5 月 11 日